# 後悔しない
# 保育園・こども園の
# 選び方

子どもにとって大切な12の視点

普光院亜紀
Fukoin Aki

ひとなる書房

# はじめに

保育園の待機児童の多さが社会問題になり、保育園に入るための活動を「保活」とよぶようになってずいぶんたちます。子どもの入園を希望する保護者の多くが、「待機児童が多いから、入れるところに入るしかないよね」と思っているかもしれません。

しかし、たとえ限られた選択肢であっても、保育を選ぶことは大切です。幸い待機児童数は減少傾向。少しずつ入園しやすくなり園を選べるようになってきています。

私は、「保育園を考える親の会」で長年にわたって保護者の体験を聞いたり相談を受けたりしてきました。また、保育施設を多数視察する仕事にもたずさわってきました。そこで、保育のあり方は多様であり、子どもたちに大きな影響を与え、ときには親の仕事も揺るがすものであることを身にしみて感じてきました。「転園して保育が変わったら子どもが元気になった！」という話を聞くたび、そこで起こっていることを、これから入園を検討される方々に伝えたいと強く願いました。

保育を選ぶチャンスはどこにあるのかなど入園のための基礎知識を**part 1**、保育を選ぶための重要な12の視点を**part 2**にまとめました。これから「保活」で園選びに取り組む方、入園したけど不安に思うことがある方、ぜひ本書をお役立てください。

もくじ

＊本書掲載の図表でとくに出典の記載のないものは筆者の作成によるものです。
＊収録したエピソード等は個人等の特定を避けるため一部編集しています。

part

# 1

# 「保活」の基礎知識

# ❶ 子どもは園で大切な時間を過ごす

## ◆保育って思ったよりも「大きい」

子どもはどのくらいの時間、保育園やこども園で過ごすのでしょう。

都市部の会社員の共働き家庭の場合、平均的な保育利用時間は1日10時間程度です。土日・祝祭日などを除いた父母の年間労働日をざっくり236日とすると、園にいる時間は2360時間。一方、子どもの夜の睡眠時間を10時間とすると、日中の時間の年間合計は5110時間。なんとその約46%を園で過ごしていることになります。

このパーセンテージを見ても、子どもにとって園という場所がいかに「大きな」場所であるかがわかります。ちょっと遊びに行くとか、習い事に行くとか、そういう気軽な場所ではありません。

子どもにとって園は、毎日通う「第2の生活の場」なのです。

一方で、親にとっても、保育園・こども園は「大きな」存在です。親が働いている時間、子どもの面倒を見てくれる施設や人がなければ、親は働けません。保育園は子どもを預かって、私たちの生活を支えてくれます。私はときどき、保育を「ライフライン」と言います。

世間一般から見ても、保育園・こども園は「親のために子どもを預かってくれるところ」です。親はもちろん、わが子が園で安心して楽しく過ごすことを願っていますが、園を選ぶ段階では、「(親のために)子どもを預かるサービス」が主要で、それに子どもが楽しく過ごせるサービスがセットになっているというイメージなのではないかと思います。

しかし、実際に通いはじめると主と従が逆転し、園はもっと重い存在になります。子どもが園で安心して楽しく過ごすことができて、はじめて安心して仕事に出かけることができる、そんなことに入園してから気づく人も多いのです。いや、最初から全面的に信頼できる園に出会い、安心しきって子どもを通わせることができている人は、それが当たり前で、保育園やこども園はみんなそんなものだと思っているかもしれません。実は、私自身がそうでした。

そんな私も、「保育園を考える親の会」の親同士の交流活動を続けるうちに、さまざまな保育があり、子どもはいろんな園生活を体験していることを知りました。とくに、転園を体験した方からは、単に「保育方針の違いがあった」などという生やさしいものではなく、「保育が変わって子どもが変わった」という変化を口にする人も少なくありませんでした。それほどまでに、保育が子どもにもたらすものは大きいのです。

## ◆いい保育園を選んだつもりが……

ずいぶん前に「保育園を考える親の会」に投稿されたおたよりになりますが、こんな体験を聞かせてくれた保護者がいました。

＊＊

以前に通っていた認可保育園の話ですが、近くで便利という理由だけで0歳から入園させていました。入園当初から、どうも外遊びが少ない、オムツを替えてくれる回数が少ない、保育料以外のお金の徴収が多い、などなど疑問に思う点がありました。

しかし、職場復帰してすぐのころでしたので、問いただしていくパワーもなく、心の余裕もありませんでした。ただ、子どもが保育園に慣れて、機嫌よく通ってくれることだけを願っていました。

年中組になったころは、明けても暮れても音楽指導ばっかりで、土日には園児がイベントに出演することも多く、年に1回の盛大な発表会では保護者も全員参加でお手伝いをしました。親として子どもががんばっている姿を見るのはうれしいものですが、どうも練習が尋常じゃなく、登園拒否の子どもも出る始末でした。

思い切って園に相談すると、「園の方針が気に入らないなら、ほかの園もありますよ」と言われてしまいました。そのときは気が動転して、とにかくあやまり、その場をおさめました。

落ち着いて考えても、転園なんて……。ここは通園・通勤に便利だし、待機児童が多いので転園するにしても希望の保育園にはそう簡単には入れません。

こんなことなら、最初入園するときに保育園を選ぶべきだったと、つくづく反省したのでした。過去にも、同じように言われて退園を余儀なくされた家庭もあったようでした。もっと保護者同士で集まって力を合わせればよかったとも思いました。

しかし、働いている家庭は、うちと同じように、基本的に「仕事といちばん手がかかる子ども」をかかえてとにかく忙しく、ほかの保護者とつながって手を取り合って園と交渉する時間もパワーもないのです。

結局、高圧的な保育園の姿勢に嫌気がさして、転園を決断しました。

転園して驚いたのは、転園先の園の外遊びの多さ、そして保育の充実。少しの空いた時間にも、紙芝居、手遊びなど家庭保育ではできないことを取り入れてくれていました。

最初からどうしてここを選ばなかったのか、本当に後悔しています。しかし、私もこんなことがなければ、保育園というのはどこも同じだと思っていて、サービスに差があるなんて思いませんでした。

0歳からだと6年間。子どもの幼少期の大切な時期を過ごすことを考えると、少し不便でも納得のいく園を選べたらどれだけよかったかと心から思います。

＊＊

この方は、仕事と子育てに追われるあわただしい生活をしながら、ずいぶん悩まれたことと思います。でも、思い切って立ち止まって、子どもの生活を変える選択をしたのです。

登園拒否などの事態が起こったとき、親は、子どもに起こっていることをどう考えたらよいのかわからなくなります。園の問題なのか、あるいは子どもが乗り越えるべき試練なのか、よくあることなのか、見過ごしてはいけないことなのか、はじめての子育てでは判断がつかなくても当たり前です。

ちなみに、発達差が大きい乳幼児期では、同じクラスでも子どもによってできることの差が大きく、同じやり方の保育を受けていても、さほど苦にならない子どももいる場合があります。では、ついて行けない子どもが悪いのかというと、そんなことはありません。発達差の大きい時期だからこそ、乳幼児期は一人一人のペースを大切にしなければならないことが、「保育所保育指針」に記されています。その理由はpart 2で取り上げましょう。

### ◆ミラクルに成長する乳幼児期だから

乳幼児期は、人生でもっとも成長発達が著しい時代です。体が大きくなるだけではありません。骨、筋肉、内臓、神経、脳など、体の器官はスケールを拡大しながら、どんどん精緻なものへと変化していきます。そして、体に宿る「心」もまた、その機能を広げていきます。よく「心身の発達」と言いますが、心と体は互いの発達を触発し合う関係にあります。

乳幼児期の発達について語るときによく引き合いに出されるのが「スキャモンの発育曲線」です。次ページのグラフは、80年前に医学者のスキャモンが人の体重や臓器の重さを計測した結果から模式的に描いたものです。4つの発育のパターンを示しています。定義が不明確なところもあり、科学的な検証はされていませんが、現実の人体の発育現象ととてもよく合致するので、今も広く参照されています。

## 図　スキャモンの発育曲線

藤井勝紀「発育発達とScammonの発育曲線」スポーツ健康科学研究35、2013年、をもとに作成。

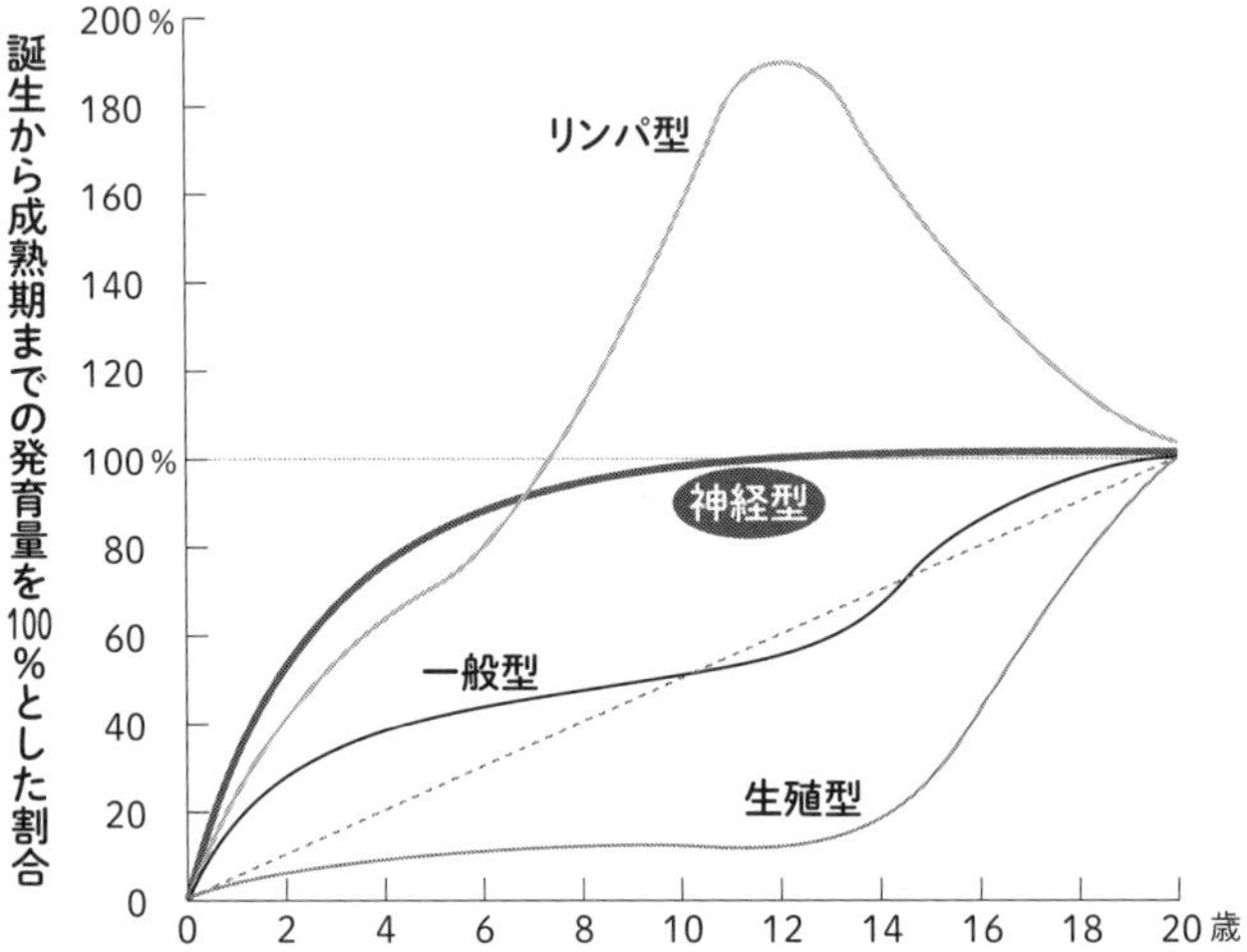

誕生から成熟期までの発育量を100％とした割合
200％
180
160
140
120
100％
80
60
40
20
0
0
2
4
6
8
10
12
14
16
18
20歳
リンパ型
神経型
一般型
生殖型


＊一般型は、神経型、リンパ型、生殖型以外の全体の発育。

とくに注目されるのが、脳などの発育をあらわす神経型です。神経型は4、5歳までには成人の80％程度（6歳で90％）にも達して、10歳以降は横ばいになっています。

インターネットで検索すると、このグラフを掲げて「運動神経がもっとも発達する幼児期からスポーツを！」とスポーツ系の習い事をすすめるサイトがあふれていますが、話はそんなに単純ではありません。

人がどのように成長発達するかについてはたくさんの研究がありますが、乳幼児期はその後の成長発達の土台となる部分が育つ時代だと言われています。だからといって、ここぞとばかり特訓のようなことをする育て方がよいのかというと、そうではないこともわかってきました。「人の育ち」というのは実にデリケートで複雑なものです。さきほど紹介したエピソードでもありましたが、大人が一方的に行う単純な指導は、ときに子どもの体験を狭いものにし、場合によってはネガティブな影響を与えることさえあります。その理由も後ほど明らかにしましょう。

## ◆子育ては助けてもらっていい

もうひとつ、ここでふれておきたいのは、「3歳児神話」に代表される母性神話についてです。ここまで書いてきたことは、まちがえると「3歳児神話」を招き寄せてしまうかもしれないからです。そんな大事な時期なら、保育園などに預けてはいけないのではないかと思う人もいるかもしれません。

「3歳児神話」は、高度経済成長期の「専業主婦家庭」が理想のライフスタイルだった時代に広まった「3歳までは母親の手で育てるべき」という育児論を指す言葉です。私の子どもが保育園児だった時代は、「3歳児神話」を信じる人がまだ多く、私のような会社員（当時）が3歳未満児を預けて働こうとすると、たいへんな逆風を感じたものでした。

時代は変わり、1990年代に日本の共働き世帯は専業主婦世帯を上まわり多数派になりました。女性の職業意識の高まりはもちろん、終身雇用制や年功序列型賃金が弱まる社会の変化の中で、多くの人が、子どもが生まれるからこそ共働きで生活を安定させようと考えるようになりました。もはや「保育園に預けていいかどうか」を論ずる時代は終わり、男も女も自分らしく働けて子育てもできる社会をどう実現するかを論じなくてはならない時代になっています。

「3歳児神話」の根っこには戦後のヨーロッパで行われた調査研究にもとづく発達心理学の「愛着理論」の影響もあったと思います。**part 2**でもふれるように、0～2歳児期の子どもにとって養育者との愛着関係が重要であることは、現代の研究でも明確にされています。

しかし、これは「母親がかかりっきりで家庭で子どもの面倒を見るのがいい」という話ではありません。母親がかかりっきりになっていれば子どもと良好な愛着関係ができるかと言えばそうとも限りません。また、子どもが愛着関係を結ぶのは母親だけに限られているわけでもありません。さらに、核家族というライフスタイルが一般化した今、母親が一人で孤立して子育てをすることにはリスクがあることがわかってきました。

人類は集落の中で子どもを共同養育するように進化したことで今日の繁栄を手にしたという文化人類学の仮説もあります。親だけでなく、周囲の手を借りて子育てをするのは、人類にとって自然なことだったのです。
そんな議論をへて、「3歳児神話」の呪縛は解かれましたが、保育の質の重要性も強調されるようになりました。愛着関係にはじまる保育者と子どものかかわり、子ども同士のかかわり、家庭では実現できない遊びの環境の提供をはじめとする保育の営みは、子どもの心身の育ちを支え豊かにするものであることがわかってきたからです。
また、子育てを家庭だけの責任にせず、社会全体で支える必要性も言われるようになりました。保育園やこども園が子どもを保育することそのものが強力な子育て支援ですが、同時にともに育てるパートナーとして親も支えてくれます。在園児家庭だけでなく、在宅子育て家庭への子育て支援も保育園やこども園の大切な仕事として位置づけられています。*

子育てをする人々は、保育園やこども園を頼りにしてよいのです。でも、残念ながら手放しで「どこの園でも大丈夫!」と言えない現実もあります。ここまでの待機児童対策で保育園やこども園が急激にふえたこともあり、保育の質のばらつきも広がっています。たとえ限られた選択肢しかなくても、親と子どもにとってベターと思われる園を選んでいくことが大切なのです。

*保育園やこども園では、一時預かり、ひろば事業、園庭開放などの子育て支援が広く行われるようになっている。

## ❷ 「選ぶ」のか「選ばれる」のか？

### ◆選べなくても選ぶ

ここまで、保育を選ぶことの大切さについて書いてきました。

「選ぶ」といっても、待機児童が多い地域では、必ずしも希望通りの園に入れるわけではありません。認可の保育施設の場合は希望順位をつけて申し込んだあと、定員以上の申し込みがあった園・クラスについて市区町村の利用調整（入園選考）があります。認可外の保育施設の場合も、園を選んで直接申し込みをしますが、希望者多数となった場合は、各施設のやり方で入園者が選ばれます。

「保活」には「選ぶ」局面と「選ばれる」局面があるということです。大まかな流れをまとめると次ページのようになります。

## 図　保育を選ぶタイミング

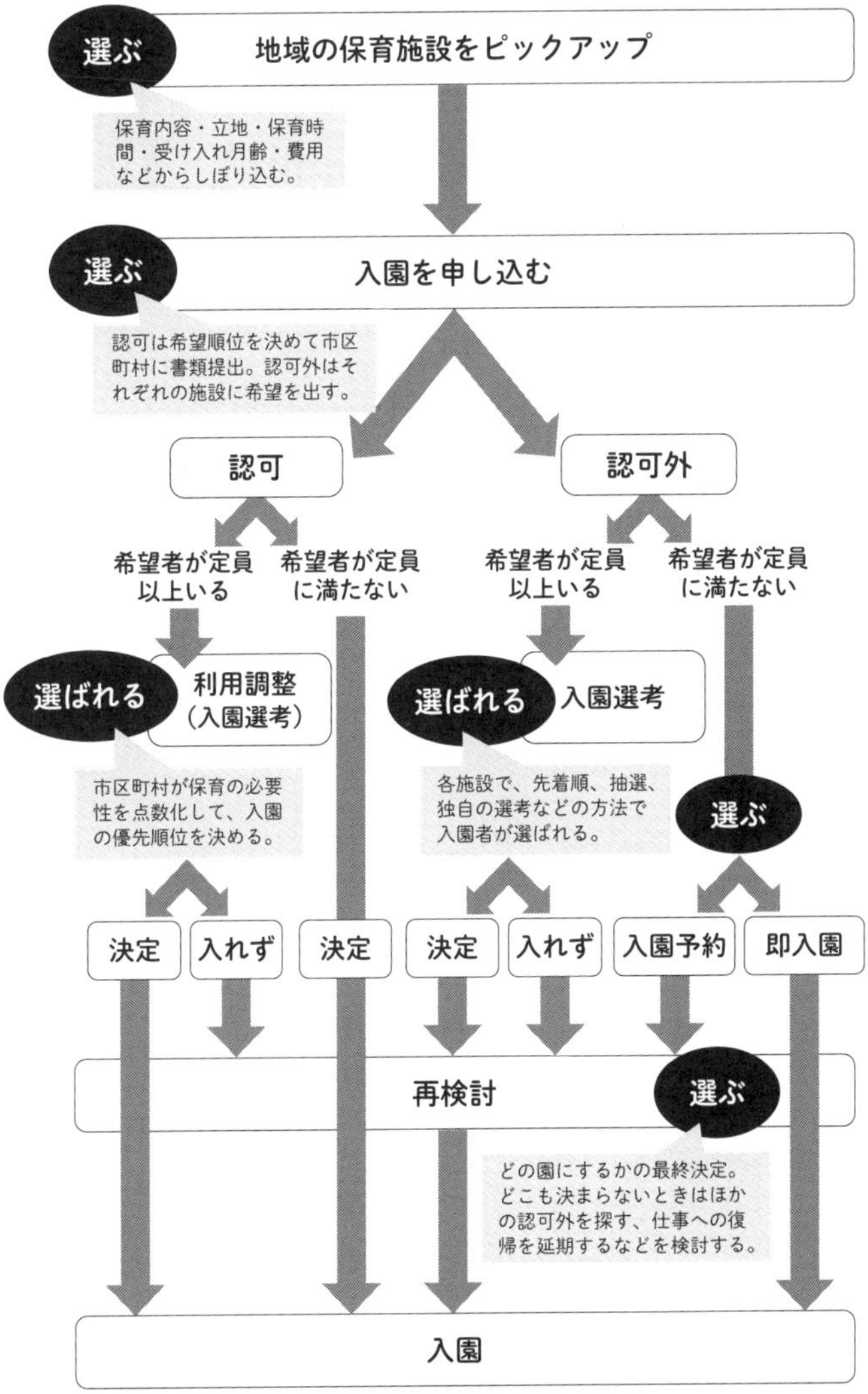
選ぶ
地域の保育施設をピックアップ
保育内容・立地・保育時間・受け入れ月齢・費用などからしぼり込む。
選ぶ
入園を申し込む
認可は希望順位を決めて市区町村に書類提出。認可外はそれぞれの施設に希望を出す。
認可
認可外
希望者が定員以上いる
希望者が定員に満たない
希望者が定員以上いる
希望者が定員に満たない
選ばれる
利用調整（入園選考）
市区町村が保育の必要性を点数化して、入園の優先順位を決める。
選ばれる
入園選考
各施設で、先着順、抽選、独自の選考などの方法で入園者が選ばれる。
選ぶ
決定
入れず
決定
決定
入れず
入園予約
即入園
再検討
選ぶ
どの園にするかの最終決定。どこも決まらないときはほかの認可外を探す、仕事への復帰を延期するなどを検討する。
入園

## ❸ 認可・認可外は どう違う?

### ◆認可を利用するには

ここまですでに出てきた「認可」「認可外」という言葉。その違いを正確に説明できる人は意外に少ないかもしれません。

次ページの図を見てください。多くの人が、保育施設の種類を、大きく「認可の保育」と「認可外の保育」に大別してあります。保育園と言えば認可保育園や認定こども園を連想しているかもしれません。そのほかにもいろいろな種類があります。

簡単に言えば、認可の保育施設は、国の基準を満たして自治体に認可された施設のことで、それ以外の保育施設等はすべて認可外に分類されます。

## 図 保育施設の種類

＊「保育士」は保育にたずさわる専門職の国家資格。

### 認可の保育

★施設や職員配置について国の基準がある。
★保育料は、市区町村が決めている。
★入園申し込みは市区町村にする。市区町村で選考される。

**認可保育園（保育所）**

もっとも数が多い。0歳～就学前の子どもが通える保育施設。施設の広さや設備、保育士の配置人数、保育内容について、国の基準を満たして認可された園。配置基準人数は 100%保育士*を配置しなければならない。

◎公立保育園：職員が公務員の公設公営と、運営を民間が行う公設民営がある。
◎私立保育園：社会福祉法人、株式会社、NPOなどの運営。

**認定こども園**

保育の必要性が認められる児童、保育の必要性が認められない児童（3歳以上）が就学まで通える。公立と私立がある。

◎幼保連携型認定こども園：幼稚園・認可保育園両方の基準を満たした園。
◎幼稚園型認定こども園：幼稚園の基準を満たした園。
◎保育所型認定こども園：認可保育園の基準を満たした園。
◎地方裁量型認定こども園：市区町村基準の認可外保育施設。

**小規模保育**

3歳未満児対象の、定員が6人～19人の小規模な保育。配置基準が3種ある。

◎A型：全員が保育士
◎B型：半分が保育士
◎C型：家庭的保育者

**家庭的保育**

「保育ママ」。家庭的環境で5人以下の3歳未満児を保育する。

**事業所内保育事業**

企業等が従業員のために設ける院内保育所や企業内保育所。従業員以外も利用できる。

**居宅訪問型保育**

重度の障害等をもつ3歳未満児を、自宅で保育する。ベビーシッターが待機児童を保育している自治体もある。

### 預かり保育がある幼稚園

幼稚園（満3歳以上児対象）で、正規の教育時間終了後に、預かり保育（一時預かり）で夕方まで保育する。新制度幼稚園では、基本の保育料を市区町村で決めている。
旧制度（私学助成）幼稚園は施設によって保育料が異なる。

### 認可外の保育

★保育料は施設によって異なる。　★入園申し込みは各施設にする。

**企業主導型事業所内保育**

国が補助金を出す認可外の事業所内保育所。複数企業の法人契約をとるところ、地域枠があるところも。

**認証保育所、横浜保育室 など**

自治体が設けた基準を満たし、自治体から補助金を受ける認可外保育施設（地方単独事業）。東京都の認証保育所、横浜市の横浜保育室など名称はいろいろ。

**そのほかの認可外**

認可を受けず、補助金なしで運営される施設。ベビーホテルなど。

幼稚園も認可制度ですが、保育園とは制度の枠組みが異なるので、図では分けています。また、私たちが認可保育園とよんでいる施設は、正式な制度名では「保育所」ですが、本書では、わかりやすく認可保育園と言うことにします。

認定こども園は4つの型がありますが、そのうち幼保連携型認定こども園は認可保育園と幼稚園の両方の基準を満たす保育施設で、幼保一体化のために設けられた型です。満3歳以上児であれば、親が働いていなくても入園できます。一方、小規模保育、家庭的保育などは、3歳未満児を対象とした保育施設です。少人数での保育を特色としており、3歳の4月には他の保育施設に転園することになります。

認可の保育は、基本的には市区町村*の事業として実施されており、入園の申し込みは市区町村にします。法律上、市区町村が「教育・保育を給付する制度」とされているので、「給付制度」とも言われます。

また、認可の保育施設の利用には「保育の必要性」の認定が必要で、入園申し込みと同時に認定申請をします。「保育の必要性」は、保護者の就労や疾病など、子どもの保育が必要である事由ごとに認定されるものです。保育の必要時間についても2段階の認定があります。

＊ここでは、市町村と東京都の特別区（23区）を指す。横浜市などの政令市の区は、あくまでも市の行政区域としての機能しかもたない。

## 図 保育の必要性の認定

| | |
|---|---|
| 保育の必要性が認められない３歳以上児<br>**１号認定**<br>〈幼稚園を利用できる〉 | 保育の必要性が認められる３歳以上児<br>**２号認定**<br>〈認可の保育を利用できる〉 |
| 保育の必要性が認められない３歳未満児<br>**認定なし** | 保育の必要性が認められる３歳未満児<br>**３号認定**<br>〈認可の保育を利用できる〉 |

## 図 保育の必要時間の認定と実際の利用時間

**「保育標準時間」認定** 保護者がフルタイム就労者などの場合。最長 11時間の利用。

**「保育短時間」認定** 保護者がパートタイム就労者などの場合。最長８時間の利用。保育料は標準時間認定の場合よりも数百円（２％程度）安くなる。

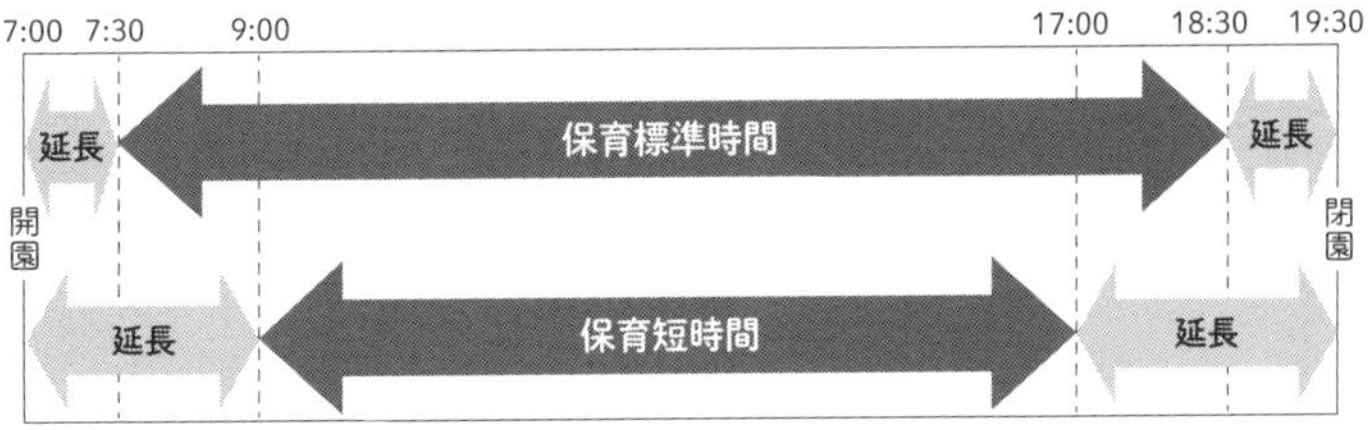


＊自治体によって認定の基準や運用が異なる。また、時間帯の設定は園によって異なる。
＊延長保育は、１時間延長が一般的だが、２時間延長、４時間延長の園もある。延長保育の料金は別途かかる。

認可の保育施設の大きな特徴として保育料が市区町村ごとに決められていることがあります。保育料の額は、3歳以上児は無料、3歳未満児は、所得が低い世帯の保育料が安くなるようになっていて、上の子がいると大幅に軽減されます。

## ◆認可外には直接申し込む

認可外の保育施設は、給付制度の枠の外にあります。

東京都の認証保育所や横浜市の横浜保育室などは、認可外保育施設に自治体が補助金を出す制度です。それぞれの自治体が、独自に基準を定めて、認定した施設に助成金を出しています。*

さらに、2016年に国が待機児童対策の目玉として企業主導型保育事業を開始して、急速に数がふえました。これは、国の基準を満たす事業所内保育に補助金を出す制度で、企業等が従業員のために設置しているものもあれば、認可外保育施設が利用者経由で勤務先との契約書をかわして事業所内保育所として保育をしているというものもあります。

これらの認可外に共通するのは、入園の申し込みを施設に直接行う点と、保育料の額が施設によって違っている点です。所得とは関係なく施設で決めた額になりますが、3歳以

＊こうした制度をもたない自治体もある。自治体の助成による認可外保育施設は2000年代から各地でふえたが、現在は認可に移行するところがふえている。

上児の保育料は3万7千円を上限として無償化されていて、それを超える額は保護者負担になります。

## ◆認可と認可外にはどんな違いがある？

保育にはいろいろな種類があることがわかりました。では、保育の種類によって、保育の内容や質は違っているのでしょうか。

結論から言えば、一概には言えません。同じ種類の施設でも、園によって施設設備も保育の方法も、保育の質という観点からもさまざまです。

とはいえ、制度によって基準が設定されているので、そこから自然にあらわれる「平均値」を語ることはできます。認可のほうが設備面・人員面・内容面の基準が高く、それを守るために国や自治体から多くの公費が給付されています。そのため、それに見合った質を備えることが求められます。

その点、認可外は経営の自由度が高いので施設による違いが大きいと言えます。保育者が献身的な保育を行っているところがある一方で、保育手法が未熟なところや施設面や人員面で不十分なところもあり、格差はより大きいというのが認可外保育施設の実情です。

基準などを中心に次ページに端的な違いをまとめてみました。

実は、面積や人員配置などの基準は最低限のものなので、これらを上まわって保育をよくしようとするかどうかは、事業者の姿勢によっても違ってきます。

たとえば保育者の配置も、基準ぎりぎりの人数にするか手厚く配置するかは、事業者の考え方次第です。基準上は無資格者の配置でもよい認可外保育施設でも、全員、保育士で保育している場合もあります。認可保育園でも、ぎりぎりの人数しか雇っていないため、人が足りない日はパート保育士が系列園をまわって穴埋めをしているケースもあります。慣れない保育士に保育される日があるというのは、子どもにとっては不安なことです。

施設面も、面積基準ぎりぎりでつくるか、ゆとりをもたせてつくるかは事業者の考え方によります。ビルにテナントで入っている場合などは、認可でもスペースにゆとりがないところが見られます。反対に、広い敷地を有する園では、園庭はもちろん、保育室のほかにランチルームやホール、絵本コーナーがあったりします。園舎が立派だからよい保育をしているとは限りませんが、もてる環境をうまくいかしていれば、子どもの遊びも豊かになります。

認可外保育施設は小規模なところが多いのですが、赤ちゃんの部屋と走りまわる幼児の部屋が分かれていない施設は安全性に不安があります。赤ちゃんを起きている時間もずっとベビーベッドに入れているような施設は劣悪施設です。

表　認可と認可外の主な違い

| | 認　可 | 認可外 |
|---|---|---|
| 入園の申し込み先 | 市区町村。 | 各施設。 |
| 保育の必要性の認定 | 必要。 | 不要（保育料の無償化を受けるためには必要）。 |
| 保育室の面積基準 | 0・1歳児1人当たり3.3㎡、2歳以上児1人当たり1.98㎡。 | 1人当たり1.65㎡。自治体助成制度の基準はさまざま。東京都の認証保育所A型は原則3.3㎡で年度途中は2.5㎡。 |
| 園庭（屋外遊戯場） | 2歳以上児1人当たり3.3㎡（近くの公園を代わりにしてもよい）。 | 助成を受けない施設には基準はない。東京都の認証保育所A型の場合は認可と同じ。 |
| 保育士配置 | 保育士対子どもの数：0歳児3対1、1・2歳児6対1、3歳児20対1（ただし15対1にする補助あり）、4・5歳児30対1。認可保育園は全員が保育士。自治体によって上乗せあり。小規模保育等は一部、資格基準がゆるい。 | 人数は認可と同じで、おおむね3分の1は保育士であることが望ましいとされている。自治体の助成基準はさまざま。東京都の認証保育所A型は、保育士で常勤の者が6割以上としている。 |
| 保育料 | 3歳未満児は所得に応じた保育料。第2子は半額。第3子以降および住民税非課税世帯は無料。3歳以上児は無料（ただし給食費あり）。 | 保育料は所得とは関係なく施設ごとに決めている。3歳以上児は、上限37,000円（住民税非課税世帯は42,000円）まで無償化され、超えた額が自己負担となる。 |
| 保育内容 | 認可保育園は保育所保育指針に、幼保連携型認定こども園は幼保連携型認定こども園教育・保育要領にもとづく。 | 基準はないが、指導監督基準では保育所保育指針を理解するようにすすめている。 |

④

# 幼稚園は保育園とどう違う？

## ◆幼稚園・保育園・幼保連携型認定こども園の違い

保育園は保育するところ、幼稚園は教育するところという理解の人も多いかもしれません。たしかに、制度としては、保育園は児童福祉施設であり、幼稚園は教育機関なのですが、保育園でも教育は行っています。くわしくは**part 2**で説明します。

幼稚園の場合、だいたい朝9時ごろから午後2時ごろまでを通常の「教育時間」としている園が多いのですが、その前後に「預かり保育」を実施する園がふえていて、時間や保育日が合えば、保護者が働いている家庭も利用することができます。

実は、保育園と幼稚園は長年にわたって制度の一体化が検討されてきました。現在も、一体化にはなっていませんが、２０１５年に両方の制度の基準を満たした幼保連携型認定

表　保育園・幼保連携型認定こども園・幼稚園

| | 認可保育園 | 幼保連携型認定こども園 | 幼稚園 |
|---|---|---|---|
| 保育時間 | 保育標準時間は11時間。加えて、多くの園で延長保育を実施。 | １号認定は幼稚園と同じ。２号・３号認定は認可保育園と同じ。 | 正規の時間は４時間。加えて、多くの園で預かり保育を実施。 |
| 園の休み | 日曜・祝日は休み。長期休暇はなし。 | 同上。 | 日曜・祝日は休み。土曜が休みの園も多い。長期休暇がある。 |
| 対象 | ０歳〜就学前。保育の必要性の認定が必要。 | ０歳〜就学前。３歳未満児と保育標準時間・保育短時間の利用には保育の必要性の認定が必要。 | 満３歳〜就学前。 |
| 入園申し込み | 市区町村。 | １号認定は各施設。２号・３号認定は市区町村。 | 各施設。 |
| 保育料* | ３歳未満児は所得に応じた額。３歳以上児は無料。 | １号認定は幼稚園と同じ。２号・３号認定は認可保育園と同じ。 | 新制度園は無料。私学助成を受ける旧制度園は上限25,700円まで無償化。 |

＊無償化は、住民税非課税世帯の３歳未満児も対象。
２号認定者には幼稚園の預かり保育料も上限つきで無償化される。

こども園の制度がつくられ、認可保育園や幼稚園からこれに移行する園もふえています。

３者の制度的な関係をあらわしたのが、上の表です。

## ◆働く親と幼稚園

親が働いている家庭が保育園の代わりに幼稚園を検討する場合には、いくつか気をつけたほうがよいことがあります。

まず、保育時間や保育日。さきほどもふれましたが、「預かり保育」の実施日や時間が保護者の働き方に合った実施内容になっているかどうかは、要確認です。夕方の17時〜18時30分くらいまでの預かり保育が多いようですが、曜日によってお休みがあったり、春休み、夏休み、冬休みなどの期間は預かり保育もお休みになる園もあります。

また、ＰＴＡ活動や保護者関係行事が平日の昼間に多く設定されている園もあって、仕事を休まなくてはならなかったり、休めない保護者はまったく参加できなかったりすることもあるようです。この悩みは、幼稚園から認定こども園に移行した園の保護者からも聞かれます。

子どもの生活のようすも重要です。長い保育時間を配慮した過ごし方になっているかどうかは重要なチェックポイントです。幼稚園ではお昼寝の習慣がない場合が多いのですが、保育園から転園した子どもが眠くなってしまい、つらそうだったという話も聞かれます。3歳児がとくに厳しく、だんだんに慣れるという意見もあります。

なお、保育についての考え方や特色は園ごとに違うので、保育園だから幼稚園だからということを一概に言うことはできません。ここにあげたような幼稚園の保護者の就労への対応や一日の生活の流れには注意が必要ですが、園選びで見るべきポイントは保育園と同じと考えてよいでしょう。

# ❺ みんなはどんな「保活」をしているか？

## ◆4月入園の「保活」スケジュール

「保活」とは、準備段階の保育施設のリサーチから、見学をして希望をしぼり込み、入園を申し込み、結果によっては再チャレンジ、入園決定までのプロセスを指します。「保活」のざっくりしたスケジュールを次ページで図にしてみました。

保育園等の入園申し込みは毎月受け付けているのですが、いちばん入りやすい4月入園に申し込みが集中します。そのため、多くの市区町村で4月入園は申し込みが前年の11月ごろからはじまるなど、変則的な日程になっています。図も4月入園の場合をモデルにしています。申し込み受け付け期間などの正確な時期は自治体によっても異なります。

## 図　4月入園の保活スケジュール

1 はじまり……本書などで基礎知識を得る

↓

2 なるべく早く……市区町村が発行する現時点での「入園案内」を入手

↓

3 春〜秋……地域の保育園のリストアップ

認可の入園難易度を確認(市区町村、口コミ、保育園などで)。

入園がむずかしい地域は候補を多めに。

園見学を少しずつはじめる。

認可への入園がむずかしい地域は認可外の予約も。

↓

4 秋〜冬……10月・11月ごろに翌年4月入園の「入園案内」を入手

わからないことは市区町村の窓口で相談。

職場に書いてもらう書類を依頼。

園見学・説明会などに参加して希望順位を決める。

認可外保育施設の申し込み方法は早めに確認し、必要な手続きをする。

↓

5 11月・12月……市区町村に認可の入園申し込み

↓

6 2月〜3月……認可の利用調整(入園選考)の結果が届く

認可の決定を受けて、認可外予約者がはげしく動くので要注意。

希望園に入園できなかったときは、選択肢を広げて探すか、育児休業を延長。

↓

7 3月……保育園で面接や説明会などがある(園による)

園と入園に備えた面談。

必要品などの準備。

↓

8 4月……入園・慣らし保育(短時間の保育で少しずつ園生活に慣れる)

(自治体が決めている期限までに職場復帰する)

## ◆まず、地域の保育施設の情報集めを

まず最初にやることは、自分の住んでいる街にどんな保育施設があるかという情報を集めることです。このとき、認可の保育施設の情報は、役所のサイトのものがいちばん新しいということを知っておきましょう。民間の情報サイトなどもありますが、施設がふえていたり入園手続きに変更があったりしても、反映されるまでに時間がかかったり、ずっと古い情報のままになっている場合もあります。

認可保育園の入園申し込みは年間を通して受け付けているので、市区町村の「入園案内」はいつでも入手できます。4月入園の「入園案内」は前年10月ごろに新しいものが出るのですが、それを待たず、思い立ったときに現時点のものを入手します。多くの市区町村がホームページの保育園入園に関するページにPDFで置いています。名称は「入園のしおり」「保育施設利用案内」など市区町村によってさまざまです。

インターネットで検索すれば自宅付近の保育施設のホームページもたくさんヒットしますが、園児集めのためにPRに力を入れている認可外のほうが多かったり、ホームページ

を見ただけでは種類がわからなかったりすることが多いものです。市区町村の「入園案内」を入手しておけば、照合することができます。

「近くの認可保育園が入園案内に載っていない！」という場合は、隣の自治体の認可保育園である可能性があります。

認可の保育は市区町村の事業なので、基本的に自分が住んでいる市区町村の保育を利用することが想定されています。家のすぐ前の保育園でも、隣の市区町村のものだった場合には、「管外協議」というイレギュラーな入園手続きになります。「管外協議」では、住んでいる市区町村を通して入りたい園のある市区町村に申し込むことになります。ただし、多くの市区町村で認可への入園は「住民優先」にしているので、定員を超える申し込みを受けている園の場合は、市区町村を越えての入園はむずかしいはずです。

認可外の場合は、基本的にしばりはありませんが、市区町村の助成を受けている場合は、域内の住民を先に受け入れるように役所から要請されている場合もあるようです。

## ◆希望する保育園のリストアップ

地域の保育施設の情報を集めたら、その中から入園を希望してもよいと思われる候補園をリストアップします。このとき、次のような基本事項の確認が必要です。

①受け入れ月齢……入園時に施設の受け入れ月齢を下まわる場合は入園できない。
②保育時間…………勤務時間・通勤時間を考えたとき、送り迎えの時間が合うかどうか。
③通園距離…………毎日通える距離か。
④保育料……………認可外は保育料が高額な場合もあるので注意。入園金などがかかる場合もある。

①については、最近は産休明けから0歳児クラスに入れる園が多くなっていますが、「生後5ヵ月から」「生後8ヵ月から」などの園もあります。その月齢に達した翌月から入園できます。1歳児クラスから受け入れる園もありますが、その場合は原則、その年度の4月1日時点で1歳になっていることが必要です。
②については、延長保育を行っている園が多いのですが、定員がある場合もあります。延長保育が必要な場合は、定員の有無や料金も調べておく必要があります。
③については、範囲をなるべく広げてリストアップすることをおすすめします。自宅から最寄駅までの途中にあれば便利ですが、そこにこだわりすぎると、競争率が高かったり、質で選べなかったりします。
④は、認可の保育施設であれば市区町村内は同じ額ですが、認可外の保育料はさまざま

です。入園金やそのほかの別料金があることもあるので、払える額かどうかの確認が必要です。認可外の保育料について利用者補助がある市区町村もあります。

候補園の情報はノートやパソコンに整理します。見学をすると情報はどんどんふえていきますので、あとで情報を書き足せるように工夫するとよいでしょう。

## ◆候補はいくつ必要か？

そもそも待機児童が少ない地域では、そんなにたくさんの候補をリストアップする必要はなく、見学も2～3園くらいしか見なかったという人が多いと思います。反対に、待機児童が多くて「不承諾通知」を受け取る可能性が高い地域では、認可・認可外を含め20～30園をリストアップしたという人もいます。「不承諾通知」とは、利用調整（選考）の結果、認可の保育施設に入れなかったときに市区町村から送られてくる通知ハガキのことです。「保留通知」という自治体もあります。

地域の園の入園の難易度は、なかなか正確にはわかりません。親たちが集まる子育て支援センターや子育てひろばなどで口コミを集めたり、市区町村の窓口に問い合わせたりするのがよいでしょう。役所に問い合わせるときは、「前回の4月入園選考で、○○園の1歳児クラスにパートタイマーの方は入れていますか」などと聞くと担当者は答えやすいと

### 図　利用調整の指数のしくみ

**基準指数**
**子どもを家庭で保育できない事由や、時間の長さなどでつけられる指数。**

＋

**調整指数**
**家庭の状況、子どもの状況によって、加点・減点される指数。**

＋

**指数が同点の場合は、「優先順位」にもとづき、総合的に判断される。**


（基準指数）

フルタイマーが満点。

就労以外の事由もある。


（調整指数）

加点の例
「きょうだいが在園している」

「認可外保育施設を利用している」

「単身赴任やひとり親など困り度が高い」など。


（優先順位）

自治体による違いが大きい。

「基準指数が高い」

「ひとり親など困り度が高い」

「所得が低い」

「在住年数が長い」など。


思います。未来のことは言えないけれども、過去の実績であれば話せます。利用調整指数ではフルタイマーの人のほうが指数が高いので、パートタイマーの人が入れているかどうかは、入園の難易度のひとつの指標になるのです。

また、一部の自治体はホームページで「合格点」（入れた人の最低指数）を発表しています。希望の園・クラスの前年度の「合格点」がわかれば、見通しが立てやすいでしょう。

## ◆利用調整って何？

すでに、利用調整という言葉を何度もつかってしまいましたが、なんだろうと思っている人もいるかもしれません。簡単に言えば、市区町村が入園者を決めるために行う入園選考のことです。

認可の保育施設への入園申し込みは市区町村で

受け付けていますが、申し込み者数が受け入れできる人数を上まわった場合には、利用調整を行って入園する子どもを決めます。この利用調整は、「保育の必要性」が高い子どもが優先されるようになっていて、家庭や子どもの状況に応じて利用調整指数という点数をつけて選考しています。指数は、市区町村によっていろいろな決め方をしています。

基本的には、指数の高い子どもから順番に希望する園・クラスに入園が決定されます。自治体によっては、その園を第1希望にした子どもから順番に点数順に割り当てていくところもあるようですが、これは少数です。

指数は家庭や子どもの状況で決まるものなので、あまり神経質になってもしかたないのですが、入園の可能性をさぐる手がかりにはなります。相談すれば市区町村の窓口でも自分の指数が何点になるかなど教えてくれる場合もあるので聞いてみましょう。

## ◆みんなの「保活」体験談

入園事情は地域によっていろいろです。ネットでは入園事情が厳しい地域の人の体験が広がりがちですが、そこまでしなくてもよい地域も多いことを知っておきましょう。首都圏の体験になりますが、「保育園を考える親の会」に届いている体験記から、典型的なエッセンスを抜粋・要約してみます。

## ●早めに市区町村の窓口に相談に行ったのがよかったというお話

「保育園の見学の前に区役所の保育課に相談に行きました。例年の状況や今後の申し込みの流れなど含め、何もわからなくてもイチからていねいに教えてくれました。関係する資料ももらえます。認可保育園の申し込み開始前後は混んでいて忙しいらしいので、あまりていねいに教えてもらえないかもしれません。保育課の比較的手が空いている時期（5月〜夏ごろあたり）に行くのがおすすめです」

この方は、その後、認可保育園3園、認証保育所1園を見学したそうです。区役所での相談と園見学以外はたいしたことは何もせず、第1希望の認可保育園の0歳児クラスに内定したということです。

## ●見学では先生の人柄や園の雰囲気を重視したというお話

「出産前（3月〜4月）に園見学をはじめました。見学したのは、歩いて通える（自転車が苦手なため）範囲の6園のみでした。年度末・年度はじめで忙しい時期にもかかわらず、ほとんどの園が個別に見学対応してくれました。はじめての子どもだったので、何に着目したらよいのかわからず、『保育園を考える親の会』のチェックリストも参考にしましたが、結局決め手は対応してくれた先生や園全体の雰囲気であったように思います」

この方は、4月入園の1次募集で第4希望の認可保育園に決まったのですが、2次募集で自分たちが第2希望にした園に知り合いの入園が決まり、ショックを受けたそうです。1次募集の利用調整決定後に第2希望園に辞退が出たのかもしれません。

### ●入園事情が厳しい地域で、積極的な行動をとって入園を決めたというお話

「見学した園数は認可が16園、認証保育所・企業主導型などの認可外が9園でした。見学を重ねるうちに、10時まで開所している保育園でも実際には8時台くらいまでしか利用されていないことがわかり、自分たちの働き方を少し見直す必要があると思うようになりました。また、対応してくださった先生が『うちの園は順番待ちをしている方が多くて入るのはむずかしいです』と正直に話されることがあり、『これは想像以上にむずかしそう』と思いました。認可が第1希望だったので、見学も認可中心で行っていましたが、認証保育所・企業主導型などの認可外は個別に申し込みを受け付けているので、あとから考えると、認可外は早めにまわるべきだったと思いました」

この方は、認可保育園には全部落ちてしまいましたが、予約申し込みをしていた認可外に連絡を入れて、改めて入園したいことを伝えたそうです。その結果、認証保育所への入園が決まりました。

## 認可外から認可に転園して保育をつないだというお話

「子どもは2月生まれ。4月にかろうじて空いていた認証保育所の1人分の籍を、通わずに保育料を払って10月の復帰まで確保しました。その認証保育所に実際に通いはじめると子どもの持病のことで意見が合わず、翌年1月に空きが出た別の認証保育所に転園。4月には、認可外に在籍していることでもらえる加点をもらって、第1希望の認可保育園に入ることができました」

早生まれの場合、4月の時点ではまだ月齢が低いので、受け入れる保育園が限られたり、預ける気持ちになれなかったりします。6ヵ月間通わずに保育料を払うというのは、たいへんな決断だったことと思います。なお、多くの市区町村の利用調整で、認可外に一定期間以上通っている子どもに調整指数を加点しています。このように、自分の住む自治体の利用調整がどんなふうに決められているかを知っておくことは重要です。

6

# 見学では何を見ればいい？

## ◆見学を申し込もう

候補にする園を決めたら、実際に園に足を運んで見学をさせてもらい、どんな保育が行われているのかを見ます。

見学はいきなり訪問するのではなく、あらかじめ電話で申し込むのがマナーです。日時を指定される場合が多いでしょう。見学では、園長や主任などが園内を案内してくれたり、保育方針などについて説明してくれたりします。

見学についていちばんよく聞かれるのは、「見学で何を見たらよいのでしょう」という質問です。簡単に整理すると、チェックリストのようになります。

## 図　園見学のチェックリスト

### 1 子どものようす

□子どもは安心できているか?……くわしくは part2❶
□一人一人の人格が尊重されているか?……くわしくは part2❹❽
□子どもの力を伸ばす教育はできているか?……くわしくは part2❷❸❾

### 2 保育者のようす

□子どもに向き合い、応えているか?……くわしくは part2❶❻
□保育者の動きにゆとりはあるか?……くわしくは質問例(47 ページ)、part2❻
□保育者の配置は十分か?……くわしくは質問例(47 ページ)

### 3 施設設備

□保育室が過密になっていないか?……くわしくは part2❺
□外遊び環境は十分か?……くわしくは part2⓫
□安全・衛生は管理できているか?……くわしくは part2❿

### 4 保護者への姿勢

□保護者の就労に理解があるか?……くわしくは part2❼
□保護者に保育や子どものことを伝えようとしているか?……くわしくは part2❼
□保護者の利便性のみを強調していないか?……くわしくは part2❼

### 5 その他

□園長や保育者が信頼できそうに見えるか、など直感も大切に。
□園のしおり、献立表、年間行事計画など、もらえる資料はもらっておこう。

通常はこのように園見学が行われているのですが、コロナ禍のもとでは、一部で見学ができなくなりました。施設内の立ち入りを断られたり、入れても10分程度だったり、玄関口で説明されたりといった話が聞こえています。

感染症が流行している場合は、このような対応もやむをえないと心得ましょう。感染防止対策をしながら見学を受け入れているところもありますので、とにかく電話をして相談することをおすすめします。見学できないと言われたら、代わりに何か保育のようすがわかるような案内をしているかどうか聞いてみてください。そのとき、保護者の不安を理解して、ていねいに対応してくれるかどうかも、園の姿勢を知る上で大切です。

## ◆見学での質問例

見学の際に園長や主任などに質問ができるチャンスがあれば、ぜひいかしたいものです。質問例をいくつかあげてみましょう。

□「SIDS《シズ》（乳幼児突然死症候群）対策はしていますか?」→「うつぶせ寝はさせないようにしている」「呼吸チェックしている」などの答えがあれば安心。「なんですかそれ?」と聞き返されたら、とても危険。

□「このクラスの担当の先生は何人ですか？」「パートタイマーの方もいらっしゃるんですか？」→見学がある日に保育者数が基準割れしている施設はまずないと思いますが、「先生がお休みをとられる日はどうされているんですか？」などと聞いてみると、やりくりの内情がわかることもあります。ほかの系列園から保育者がまわされてくるような園は、ふだんぎりぎりの人数でやりくりしている可能性があります。また、クラス担任が全員パートタイマーの園もあります。*

□「外遊びはどうしていますか？」→園庭がない施設であれば、「お天気の日は必ず近くの公園に散歩に行く」などの答えがほしいところ。どんな公園に行っているのかを聞いて、実際に公園のようすを見てみるのもよいと思います。夏の水遊びができているかも気になりますね。

□「離乳食はどんなふうに進めていますか？」「トイレトレーニングはいつごろからはじめますか？」→答えに正解はありませんが、「それぞれのお子さんの発達に合わせて」「ご家庭と相談しながら」といった言葉がほしいところです。また、くわしい説明をしてくれたら、子どもの発達に関する専門性や経験が感じとれるかもしれません。

＊認可保育園の基準では、クラス担任の保育士のうち１人は常勤でなければならないが、保育士不足のため、臨時的に全員パートタイマーでの配置を容認する場合もある（「厚生労働省子ども家庭局通知（令和３年３月）」による）。

## ◆見学して預けたくないと思った園は？

「保育園を考える親の会」のホームページで、年間を通して高いアクセス数があるコンテンツに「見学して預けたくないと思った施設」という会員アンケートの結果があります。回答数は71通と少ないのですが、「保活」中の保護者から大きな関心がもたれています。詳細は「保育園を考える親の会」のホームページにありますが、少しだけ内容をご紹介しましょう。次ページのグラフを見てください。

「狭い」がいちばん多いのは、保護者にわかりやすいポイントだということもあるでしょう。私が注目したのは、「狭い」とされた施設の半数以上が認証保育所だった点です。待機児童があふれる地域では、基準が低いほど「詰め込み保育」が発生しやすいのだと思います。

物理的な環境については認可外保育施設に関するものが多いのですが、保育のようすについては認可保育園に関するものも多くなっています。たとえば、

・「飾られている工作が同一の絵に塗り絵をしただけ」（認可保育園）
・「パートタイムらしき保育者の子どもに対する態度が横柄（たまたまかもしれませんが）」（認可保

図　見学して預けたくないと思った保育施設

「保育園を考える親の会」会員アンケート結果（2016年）より。71通の自由記述回答を分類。

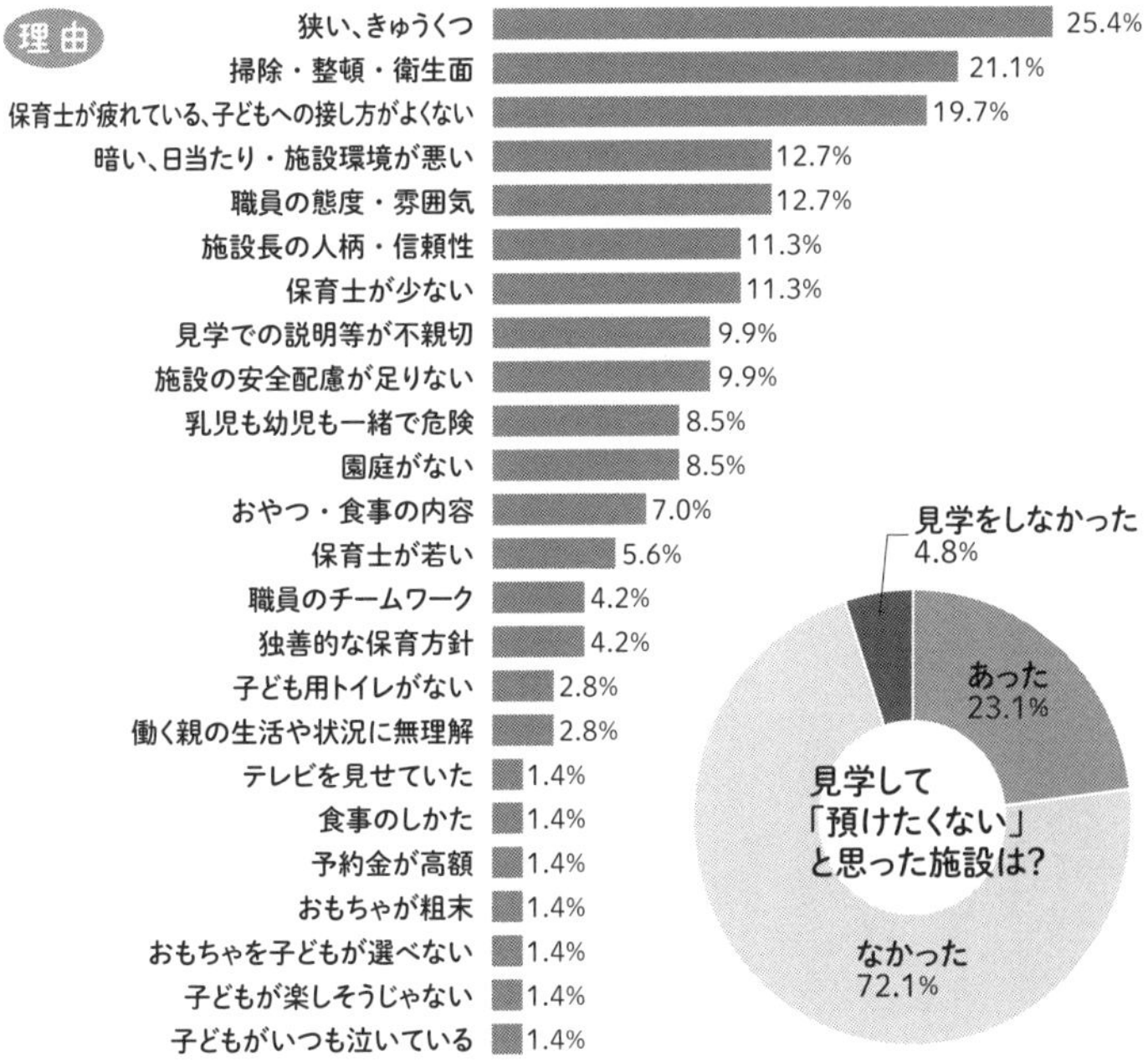
理由
狭い、きゅうくつ 25.4%
掃除・整頓・衛生面 21.1%
保育士が疲れている、子どもへの接し方がよくない 19.7%
暗い、日当たり・施設環境が悪い 12.7%
職員の態度・雰囲気 12.7%
施設長の人柄・信頼性 11.3%
保育士が少ない 11.3%
見学での説明等が不親切 9.9%
施設の安全配慮が足りない 9.9%
乳児も幼児も一緒で危険 8.5%
園庭がない 8.5%
おやつ・食事の内容 7.0%
保育士が若い 5.6%
職員のチームワーク 4.2%
独善的な保育方針 4.2%
子ども用トイレがない 2.8%
働く親の生活や状況に無理解 2.8%
テレビを見せていた 1.4%
食事のしかた 1.4%
予約金が高額 1.4%
おもちゃが粗末 1.4%
おもちゃを子どもが選べない 1.4%
子どもが楽しそうじゃない 1.4%
子どもがいつも泣いている 1.4%
見学して「預けたくない」と思った施設は？
見学をしなかった 4.8%
あった 23.1%
なかった 72.1%

育園）

・「1歳児にお絵描きをさせ、飽きた子どももやらない子どもにテレビを見せていた」（認可外保育施設）

・「先生のどなり声？　が聞こえた」（認可外保育施設）

・「ひどく鼻水を垂らしている子どもが複数いたが、ふくなどの余裕は保育士にはなく、自分でふけるようなタオルやティッシュも見当たらなかった」（認可外保育施設）

保育者や施設長の態度や意欲についてのコメントも多くありました。空気から感じられる直感も大切だと思います。

・「保育士のやる気が感じられず、惰性で必要最小限の保育をしている感じだった」（認可保育園）

・「部屋に外からカギをかけるのは当たり前かもしれませんが、年長クラスで、カギを『バシッ』とかけているのをはじめて見て、イヤだなと感じた」（認可保育園）

その保育園では、安全のために子どもの行動を制限しているのだと思いますが、年長組で保育室にカギがかかっているのはどうなんだろうと、私も思います。園舎の構造上の必要がある場合もありますが、子どもが主体的に行動できる環境を用意し、子ども自身が見通しをもって生活するという「ねらい」*をもって保育をしている保育園では、年長組くらいになれば、保育室にカギをかけなくても子どもたちは安全に行動する力を身につけていきます。

＊「ねらい」とは、「保育所保育指針」に書かれている言葉で、保育がめざしている姿、保育の意図のことをあらわす。

## ◆「家庭の方針に合った園を選ぶ」ってどういうこと？

このアンケートは「見学して預けたくないと思った施設」を聞いたものなので、だれもが「イヤだな」と思うような感想が集まりました。でも、実際に園の何を重視して選ぶかは、人によって意見が分かれる場合もあります。「保活」について保護者同士で情報交換をすると、必ず最後には「それぞれの家庭の方針に合った園を選べばいい」という結論になります。もちろん、これは大切なことです。自分たちの子育てについての考えに合った保育をしてくれる保育園でなければ、入園してから不満がつのり、園との信頼関係が築けず、親も子どもも苦労することになるからです。

でも、私はこの言葉に少し疑問符をつけておきたい気持ちもあります。

というのも、子どもが生まれたばかりのころ、私は子どものことを何もわかっていなかったからです。こうなればいい、こんなふうに育ってほしい、とたくさんの期待はもっていましたが、妄想のようなものでした。子どもからすれば、親の身勝手な考えでしかなかったでしょう。

「家庭の方針」をあまり思いつめないこと。「絶対こんなふうに育てる」という思い込みは子育てを苦しいものにしたり、子どもにとって重荷になったりすることもあります。子育てでは、いろんな思いがけないことが起こります。思った通りにならないこともたくさん。そんなときは、あせったりいらだったりしないで、「ま、いいか」「そういうのもありだよね」としなやかに受け止めるほうがよいこともあります。

もちろん、園選びでは、保護者は子どもが長時間過ごす環境を選ぶという責任があります。冒頭に書いたように、子ども自身は園を選ぶことができないし、園の環境が快適でなくてもそれを伝えることはむずかしいからです。

そこで、あまりよくばらず、当面、この子のために確保したいのはどんなことかを、ざっくりでよいので考えてみることをおすすめします。「園庭はほしいけど、なければ散歩をできるだけさせてくれるところ」とか、「子どもにどなる園はNG」とかいうあたりは、多くの家庭で最低ラインになるでしょう。

共働きであれば、夫婦で話し合ってみてください。候補リストづくりや見学も2人でできるとよいのですが、なかなかそこまではできないかもしれません。でも、「今日はこんな園を見たんだけど……」と情報を共有し、お互いの考えを伝え合って、「家庭の方針」を模索できるとよいと思います。そんなプロセスは、その後の共働き生活で力を合わせていくための下地づくりになるでしょう。

おおらかに、でも、子どもの視点から譲れない線は見定める。そんな「家庭の方針」づくりのために、**part 2**に進みたいと思います。

part

2

# 保育を選ぶ 12の視点

# 1 「子どもが安心して過ごせる」は譲れない

＊安心感をつくるのは保育者
＊衛生的でもスキンシップのない保育はNG
＊劣悪な保育を知らせる子どものサイン
＊子どもは安心感を土台にして育つ

## ◆栄養と安全だけでは足りない

保育園・こども園では子どもが安心して過ごせることが大切だと言われて、否定する人はいないでしょう。不安を感じる場所に長時間いるのは、大人でも苦痛です。

では、子どもが安心できる環境とはどんな環境でしょう。

図　スピッツが観察した3つのグループ

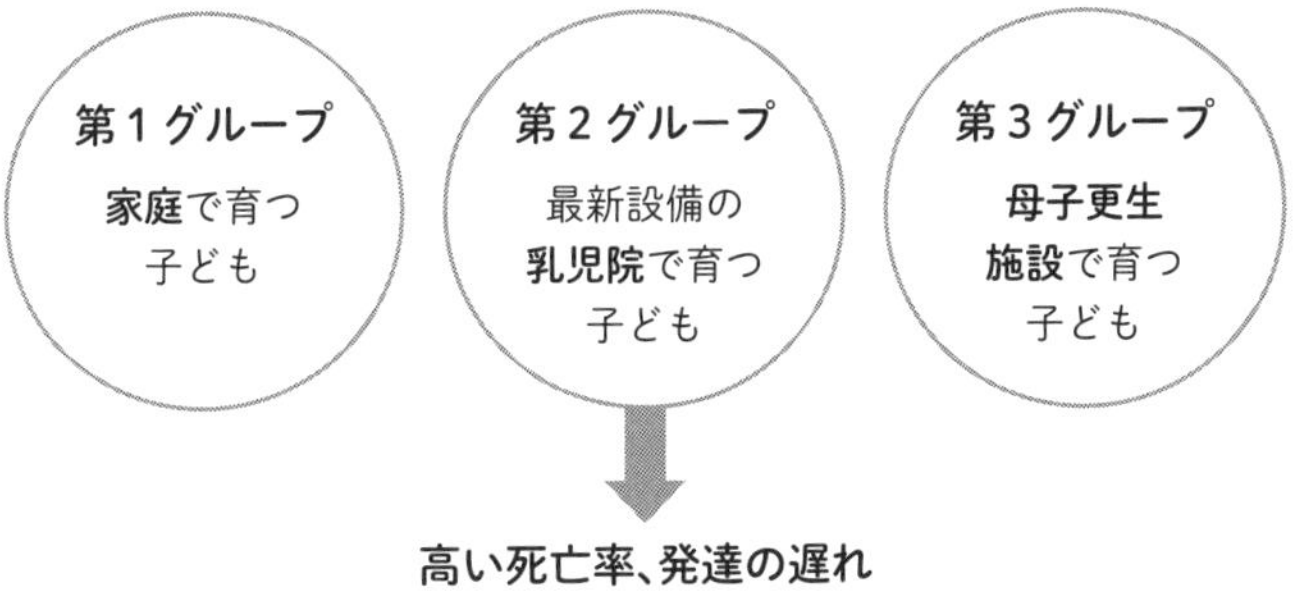
第1グループ
家庭で育つ子ども
第2グループ
最新設備の乳児院で育つ子ども
第3グループ
母子更生施設で育つ子ども
高い死亡率、発達の遅れ

あたたかい色調の家具や内装、楽しそうなおもちゃや装飾、清潔で片づいた床……。見学でそんな保育室を見て、「ここなら安心」と感じるかもしれません。でも、今あげた中には、いちばん大切なものがありませんでした。

保育者です。

乳幼児の安心にいちばん必要なものは「人」なのです。

そのことを裏づける少し昔の話をしてみましょう。

第2次世界大戦が終結した1945年、アメリカの小児精神科医R・スピッツは「ホスピタリズム（施設病）」についての論文を発表しました。

20世紀初頭から、欧米では乳児院や孤児院で子どもの死亡率が異常に高いことに関心がもたれていました。小児科医たちは、医学的管理や人工栄養（ミルク）の改善につとめましたが、それだけでは死亡率を下げることができなかったのです。

スピッツは、養育環境に着目した3つのグループに分けて、子どもの発達を追跡し比較しました。1番目のグループは家庭で育つ子ども、2番目は看護師が常駐し設備が整った最新の乳児院で育つ子ども、3番目は売春などの非行を犯した母親と子どもが暮らす母子更生施設の子どもでした。すると、1番目と3番目のグループの子どもは同じように成長したのですが、2番目の設備が整った乳児院で育った子どもたちは、2年目までに約4割が亡くなり、生き残った子どもたちも心身に発達の遅れがあったり言葉が話せなかったりしたと言います。この乳児院では、子ども10人を1人の看護師が担当していました。また、一般的に当時の施設では衛生に配慮してなるべく子どもにふれないようにしていたという資料もあり、乳児院の子どもたちは大人からのかかわりが非常に少ない中で過ごしていたことが想像されます。

このスピッツの研究は、当時の孤児院などの施設で育つ乳幼児に身体的・精神的・知的発達の不良が起こること、その原因は医学的・栄養的な問題というよりは養育者との関係という心理的な問題にあるらしいことを実証するものでした。

第2次世界大戦の戦禍により各地で孤児が増加し、国連の世界保健機構（WHO）は、イギリスの精神分析学者J・ボウルビーにホスピタリズムの研究を委託しました。1951年、ボウルビーは「母性的養育と精神衛生」という報告書を発表し、施設で見られる子どもたちの心身の発達の遅れなどの問題は、母親と乳幼児の間に見られるような親密で継続的で、両者が満足と幸福感に満たされるような関係（愛着関係＝アタッチメント）を得られなかったために起こっていると結論づけました。愛着関係が得られない状態はマターナル・ディプリベーション（母性的養育の喪失）と名づけられ、世界中にセンセーショナルに伝えられました。

日本では、１９６０年代に翻訳が出版され、児童養護施設の改善や里親制度についての熱心な議論を巻き起こす一方で、女性の社会進出や保育園の利用についての抑制的な論調も強まり、「3歳児神話」を生み出しました。*

ボウルビーは、子どもと愛着関係を築けるのは母親だけに限らないこと、授乳したり、抱いたり、話しかけたりするなどして愛情深くかかわることで、母親以外の大人と子どもの間にも愛着関係は築けると説明していましたが、女性の社会進出について賛否がうずまいていた時代には、ともすれば「母親だけが子どもとの愛着関係を築ける」というように歪曲されて伝わりがちだったのです。

とはいえ、子どもが育つためにはケアをする大人との間に心理的な関係が必要で、当時の施設の収容所的ケアが不十分であることを明らかにしたことは、ボウルビーの大きな功績でした。

*1963年に出された中央児童福祉審議会保育制度特別部会「保育問題をこう考える——中間報告」は、「健全で、愛情の深い母親が、こどもの第１の保育適格者であり、また保育適格者になるように努力することを期待されている、というべきであろう」など、母親の役割を強調した。

私は、この研究について学んだとき、無事に生まれても栄養や安全だけでは育つことができないヒトという生き物の「ヒトらしさ」に驚きました。

子どもが生まれたばかりのころ、私はこんな知識もなく、何もわからなくて、夜中に泣きわめくわが子を前に途方に暮れていました。「赤ちゃんは野生的な本能をもっているはず」と考えていたので、大声を出して外敵に目立つような行動をとったり親を疲弊させたりするのは合理的ではない、なぜこんな行動をとるのか、という疑問が頭の中でぐるぐるしていました。そんな私も、やがて子どもに自然な愛情をもてるようになりました。出産直後の混乱期に、私にもっともインパクトを与えたのは、娘を無条件に慈しみ、お腹の上にのせて幸福にひたる夫の姿でした。

ボウルビーやその後の発達心理学の研究においても、愛着関係は、養育者と子どもの間の相互的なかかわり合いをへて形成されていくと説かれています。母親になったからといって、女性がだれでも最初から子育てへの適性をもっているわけではないということは、私自身、身をもって体験したのでした。

## ◆安心感は育つためのエネルギー源

話をもとにもどしましょう。保育園・こども園の環境において、子どもが安心するためにいちばん重要な要素は保育者だという話でした。

園では、子どもは朝登園してきて夕方には帰宅しますので、スピッツが研究した乳児院のように、ずっとその場で生活するわけではありません。また、戦後ヨーロッパの孤児院と現代の日本の乳児院や保育園とでは、保育者の配置も、保育の手法も異なっていますから、ホスピタリズムの話で不安をあおるつもりもありません。

ただ、最悪の場合にはホスピタリズムの世界に近づいてしまうこともありうる、とは考えてほしいのです。どんなにピカピカで安全な保育室でも、そこにあたたかい保育者がいなければ、子どもにとっての安心の場にはなりません。

「保育園を考える親の会」の会員の方の体験でこんな話がありました。

そのお母さんは、生後11ヵ月の子どもをある認可外保育施設に預けて職場復帰したのですが、しばらくして施設に不信感を感じるようになりました。着替えやオムツ替えが少ない、子どもは帰宅後しばらく親と目を合わせず、10分くらいたってやっと笑顔が出るようになる、そんなわが子の状態にお父さんとお母さんは「絶対におかしい」と話し合いました。役所に施設が異常であることを訴え、転園希望を出したところ、入園後3ヵ月で近くの公立保育園に転園することができました。公立保育園の保育は、前の施設とまったく違っていて、子どもは見違えるように元気になったと言います。

その認可外保育施設でどんな保育が行われていたのか想像したくありませんが、保育者から子どもへのかかわりがとても少なかったのではないかと思われます。泣いてもほったらかしだったかもしれません。保育者が子どもにかかわっていなければ、着替えやオムツ替えの回数も少なくなりがちです。子どもは、不安になって泣いても大人が相手をしてくれないことで心の動きが衰え、家に帰ってもしばらくは回復できず、表情がなくなっていた可能性もあります。保護者が気づいて早めに行動できてよかったと思います。

この保育施設の内情について、あとになってそこで働いていた保育者からお母さんが話を聞くことができたのですが、保育者の配置が基準を満たしておらず、系列園の間で保育者が行き来して人手を補っていたことなどがわかりました。

保育園・こども園では、子どもが保育者のあたたかいケアを受けながら、保育者を心のよりどころにして安心して過ごせることが大切です。このことは、保育者になる人が学ぶテキストや、認可保育園の保育内容の基準として厚生労働大臣によって示されている「保育所保育指針」にも書かれています。

たとえば、赤ちゃんに対して保育者はその言葉にならない欲求を理解し、それを満たすように、ケアをしたりスキンシップをしたり喃語《なんご》に応えたりすることが必要です。赤ちゃんは、自分の欲求を満たしてくれる親密な大人とのかかわりから安心感を感じ、その大人との愛着関係を結ぶからです。

保育は、ただケアをすればよいのではなく、そこには互いの心が動くようなかかわりがなければなりません。たとえば、手ぎわよく清潔にオムツ替えができたとしても、その間、赤ちゃんと目も合わせず、無言で、さっさと作業して終わったのでは、心の動きは生まれません。オムツ替えをしながら、保育者が赤ちゃんと目を合わせ、語りかけ、やさしくふれ、赤ちゃんの動きや喃語に反応するというかかわりをすることで、赤ちゃんは安心し、保育者を信頼します。そして、最初は慣れなかった保育の場でも、信頼する大人がそばにいるという安心感を土台にして、周囲のモノや人への関心を広げていきます。


認可保育園の保育内容の基準である「保育所保育指針」は、このような安心感を「情緒の安定」とよんで、乳児期だけではなく全年齢の保育に必要なものと説明しています。

子どもは4歳、5歳になっても、見守ってくれる保育者との信頼関係を必要としています。自分の気持ちや行動を理解してくれる保育者がいるからこそ、園は安心できる居場所になり、日々さまざまなことにチャレンジし、自分の力を発揮することができるのです。

## ◆保育を選ぶ視点

保育園・こども園で子どもが安心するためには、ここまで書いてきたような保育者との関係が必要です。ほとんどの園で子どもの安心感はいちばん大切にしているはずですし、保育者も子どもにやさしくほほえむ姿にあこがれてこの仕事を選んだ人が多いはずです。でも、ときどきめざすものが見失われていることがあります。人手が足りなくて現場に余裕がなかったり、保育者が未熟だったり、チームワークができていなかったり、園長や事業者の方針が偏ったものになっているために、子どもの安心感が損なわれている現場に私はいくつか出会いました。

見学では、**保育者が子どもにどんなふうに声をかけているか、子どもの目線になって向き合っているか、子どもは保育者に安心して頼りにしているか、のびのびと自分を表現しているか**といった点から見てみるとよいでしょう。また、案内してくれる園長や主任が子どもの園での生活や保育方針を説明するとき、**保育者と子どもとの信頼関係を大切に考えているかどうか**が見えることがありますので、しっかり耳を傾けてください。

コラム

# 「安心基地」と「探索活動」

保育園・こども園を訪問して0歳児クラスを見せていただくことがあるのですが、人見知りまっさかりの時期にあたっていると、ちょっと申しわけないことになります。

見知らぬ人が室内に入ると、それまで、リラックスして保育者と遊びを楽しんでいた子どもたちに緊張が走ります。動きがフリーズしたり、離れていた保育者に身を寄せたり。保育者との間に愛着関係が築かれている証拠でしょう。

発達心理学上の人見知りは、乳幼児が特定の親密な相手との愛着関係を深め、見知らぬ人や場所への拒否反応を示す行動を指します。生後6ヵ月ごろから2歳ごろまでの間に見られ、時期や期間などは子どもによって個人差があります。その反応もさまざまで、大泣きする子どももいれば、目が合わないように視線をそらすだけの子どももいます。どれも、愛着行動の発達過程として正常なものです。

この間に、子どもはハイハイやあんよで移動ができるようになります。そして、愛着の対象者と少し距離が離れていても、何かあったらその人にくっつけば大丈夫という安心感を土台にして活動するようになります。この関係を「心の安全基地」「安心基地」が形成された関係と言います。

1歳児が親をふり返りながら離れて遊ぶのも、「安心基地」を確認する行動です。だんだんに行動範囲が広がり「安心基地」と離れる距離が長くなります。3歳前後になると、親がいつも近くにいなくても、必ずもどってくるとか、何かあったら助けに来てくれるという確信をもてるようになります。

一方、「探索活動」とは、乳幼児が周囲のものに興味や好奇心をもち、知ろうとする行動のことです。1歳児が親と離れて遊ぶ話を書きましたが、この遊びも「探索活動」です。「探索活動」は、子どもが活発に体を動かしながら、周囲の世界を確かめ、理解を深めていく行動であり、身体的・精神的・知的発達に欠かせないものと考えられています。

たとえば、ティッシュを全部出してしまうといういたずらも、やってはいけないと言われたことをくり返しやるのも、子どもの旺盛な探究心がさせることとです。危ないもの、多大な損失につながるものは、あらかじめ子どもの手の届かないところに遠ざけておく必要がありますが、危険のない範囲で、子どもがさまざまな「探索活動」にチャレンジできるようにすることは、実はとても大切なことなのです。

2

# 「教育」は行われているか？

＊保育園の保育には教育が含まれている
＊子どもの「やりたい気持ち」が大事
＊「生活の場」だからこその教育がある
＊オプションよりも基本を見よう

## ◆「教えること」ではない教育

「教育のことを考えたら、３歳からは幼稚園に行かせたほうがよいでしょうか」
「保育園を考える親の会」は毎年、子どもの保育園入園を考える親を対象に「はじめての保育園」というオリエンテーションを開いていますが、そこでときどきこんな質問が出ます。最近は、共働き世帯が多数派になったこともあり、少なくなりましたが、それでも「保育園は預かるところだから教育はやってない」と思い込んでいる人はいるようです。

この質問にあえて答えるとすれば、「保育園でも教育は行われているので、子どもが保育園を好きで、たくさん遊んでいるようなら、転園の必要はないと思いますよ」と言いたいと思います。

このような疑問や不安が出てしまうのは、

**保育＝預かること**
**教育＝教えること**
**保育園＝保育をするところ**
**幼稚園＝教育をするところ**

という一般的なイメージがあるためだと思います。しかし、保育にたずさわっている人たちや、保育の研究者たちの多くは、この説明では首を縦にふりません。こんなふうに言うと思います。

保育＝たしかに保護者から子どもを預かり、子どもは保育園で生活しますが、その中で教育を行っています。

教育＝就学前の教育の中心は「教えること」ではありません。

就学前の教育の中心が「教えること」ではないというと、意外に感じる人もいるかもしれません。少しくわしく説明してみます。

発達が著しく、もっとも基本的な能力が育つ時期である乳幼児期には、その発達特性に合った教育方法が必要です。これについて、発達心理学、教育学、脳科学などの分野でさまざまな研究や議論が行われてきました。日本では、国が「保育所保育指針」「幼稚園教育要領」「幼保連携型認定こども園教育・保育要領」などの保育内容に関する指針を発行していますが、いずれも各専門領域や現場で蓄積されてきた知見をベースにつくられています。

次ページに、これらの文書の中で教育の基本的な考え方について書かれた部分を引用しました。

ここで見てほしいのは、「環境を通して」教育を行うと口をそろえていることです。子どもは「環境」（周囲の人、モノ、事象）にかかわりながら、さまざまなことを自ら習得し

## 図 「指針」や「要領」に書かれた教育の基本

### 保育所保育指針

（第１章 総則　1 保育所保育に関する基本原則 （1） イ）

保育所は、その目的を達成するために、保育に関する専門性を有する職員が、家庭との緊密な連携の下に、子どもの状況や発達過程を踏まえ、保育所における**環境を通して**、養護及び教育を一体的に行うことを特性としている。

### 幼稚園教育要領

（第１章 総則　第１ 幼稚園教育の基本）

幼児期の教育は，生涯にわたる人格形成の基礎を培う重要なものであり，幼稚園教育は，学校教育法に規定する目的及び目標を達成するため，幼児期の特性を踏まえ，**環境を通して**行うものであることを基本とする。

### 幼保連携型認定こども園教育・保育要領

（第１章 総則　第１ 幼保連携型認定こども園における教育及び保育の基本及び目標等　1）

乳幼児期の教育及び保育は、子どもの健全な心身の発達を図りつつ生涯にわたる人格形成の基礎を培う重要なものであり、幼保連携型認定こども園における教育及び保育は、（中略）乳幼児期全体を通して、その特性及び保護者や地域の実態を踏まえ、**環境を通して**行うものであることを基本とし、家庭や地域での生活を含め園児の生活全体が豊かなものとなるように努めなければならない。

ていくと考えられています。保育者が言葉で説明したり見本を見せたりして知識や技術を教えるということもやらないわけではありませんが、それよりも子ども自身が主体的に活動する中で自ら必要な力を身につけていくような教育が中心になると考えられているのです。そのために子どもが必要とする「環境」を考え、整えたり、提供したり、自ら環境となったりするのが教育者（保育者）の役割であり、そのことを通して教育を行うということが強調されています。

また、3つの文書とも、「環境を通して」の前に、この時期の子どもの特性（「保育所保育指針」は発達過程）をふまえるという前提を置いていることにも注目してほしいと思います。乳幼児期の特性とは、どのようなものでしょうか。

乳幼児期は人生でもっとも発達が著しい時期です。この時期、心身のさまざまな部分の発達が互いに触発し合うようにして、複雑な発達を遂げていきます。何かができるようになると、子どもはその力をつかって次のステップへのチャレンジをくり返すので、それによって心身の機能がさらに高次な段階へと開発されていくということが、連続的に起こっているのです。脳にとっては膨大な学習量になりますが、そのほとんどが子ども自ら体験する（感じる、動く）ことで学ばれていきます。

この時期の発達には、人類の進化をたどるような自然な順序があり、そのペースには個人差があります。発達は早ければよいわけではなく、それぞれのペースで、そのときどきの「旬」の発達過程をしっかり踏みしめて進んでいくことが大切であることがわかっています。「旬」というのは私のイメージですが、新しい発達過程へと進むために必要な身体的、精神的、知的な発達の条件がそろってきた状態、子どもがそのことに興味をもっていたりチャレンジしようとしていたりする状態のことを表現したつもりです。

このような乳幼児の発達の特性を考えると、大人が決めた内容を教えるのではなく、子どもが自然に心を向けていくような環境を提供することによって行う教育が有効と考えられているのです。

## ◆知識をこえた根源的な学び

たとえば、この時期、子どもは言葉の獲得という大きな発達を成し遂げますが、その過程を考えてみましょう。

生まれたばかりの赤ちゃんは、泣くことで欲求を伝えます。泣いたらだれかがきてくれて欲求を満たしてくれたという体験をすることで、周囲に守ってくれる人がいるという安心感をもち、自分の欲求を伝えられるという自己効力感を得ます。やがて、あやされて喜んだり、気に入らないと泣いて怒ったりなど、大人との相互的なかかわり合い、伝え合いが豊かになっていきます。

言葉の獲得はまだ言葉が出ない時期からはじまっています。たとえば、大人が子どもの視線の先にあるものを見て「わんわんだね」と言葉にすることで、目の前の犬と「わんわん」という言葉の響きが結びつきます。五感で感じた感覚を「冷たいね」「あったかいね」などと表現されたり、頭をぶつけて泣いたら「おーよしよし、痛かったね」と共感されたりという経験をくり返す中で、「冷たい」「痛い」という感覚や「うれしい」「悲しい」という気持ちも言葉と結びつき、子どもは自分の感じていることをそれと認識できるようになります。

発声器官が発達し、言葉を発することができるようになると、それを受け止める大人との間で言葉のやりとりがはじまります。子どもが「ブーブ」と指差したとき、「ほんとだー。ブーブ、いっぱいだね」「赤いブーブだね」と言葉を展開する大人の存在は重要です。そんなやりとりを重ねるうち、子どもの中で「ブーブ」という言葉は記号となり、車がないところでも「ブーブ」の話をしたり、積み木を「ブーブ」に見立てて遊んだりすることもできるようになります。このような力を「象徴機能」と言いますが、これを獲得するのが、おおむね1歳の後半ごろと言われています。

2歳ごろから「ジュース、のむ」などの二語文が話せるようになり、やがて文がつくれ

ブーブーだねー
Boo
Boo

るようになると、物事の原因と結果をつなげて考えることができるようになります。

子ども同士の言葉によるコミュニケーションもはじまります。最初は言ってみるだけだったり、まねしてみるだけだったりしますが、だんだんに相手の言葉を理解して反応できるようになります。おもちゃを何かに見立ててイメージを共有したり、役割になりきってごっこ遊びをしたり、言葉によって心の中の世界をつなげ合うことができるようになるのです。

言葉は、まず自己主張のために、次に和解や協力のためにもつかわれるようになります。友だちとのぶつかり合いは、3歳では力まかせになったり泣き別れになったりすることが多いのですが、4歳ごろからはだんだんに言葉をつかって主張し合うようになります。このころから、相手が自分とは異なる心の動きをもった存在であることが理解できるようになり、やがて相手の言葉を理解して返事をする対話もできるようになります。


泣くことしかできなかった赤ちゃんが、友だちとの会話を楽しむようになるまでの道筋は奇跡のように思われます。単に言葉を話せるようになるというだけでなく、その過程では、認識する、思考する、記憶する、共感する、推察するといった、その後の知性や社会性が育つための根源となるような力が発達しています。

ここで、大人は重要な役割を果たしますが、黒板やワークブックは用いません。すべては、子どもが体験を通して学んでいるのであり、大人はそのための環境として存在しています。大好きな大人も、お友だちも、「わんわん」も、「ブーブ」も、冷たい水も、気持ちいい風も、木の葉や土や砂も、おいしい食事も、絵本も、おもちゃも、すべてが子どもにとっては学びのための環境です。

子どもを旺盛な学びに駆り立てているのは、子ども自身の伝えたい、知りたい、わかりたい、やってみたい、楽しみたいという欲求であり、その欲求、意欲を支える安心感です。

言葉の獲得の話が長くなりましたが、乳幼児期の教育を「環境を通して」行うのは、子どもの発達のこのような特性をふまえているからなのです。


教育というと、知識や技術を大人が子どもに一方的に教え込むような形が思い浮かべられてしまうのですが、その前に、子ども自身の意欲を動力にして人格形成を支えるような根源的な教育を行うことが、保育園やこども園、幼稚園には求められています。

## ◆「教育」と「お世話をすること」の関係

ところで、さきほどの「保育所保育指針」の文章の中に「保育所*は（略）養護及び教育を一体的に行うことを特性としている」という言葉がありました。何やらむずかしい表現ですが、ここまで書いてきたことをコンパクトに言いあらわしているフレーズだと思いま

＊「保育所」は認可保育園の法令上の名称。

す。また少しくわしく読み解いてみましょう。

保育園は「生活の場」です。* 園で子どもは遊ぶだけでなく、食べたり排泄したり休んだりするし、保育者はその介助をします。こんな場面での保育者の仕事を、「保育所保育指針」は「養護」とよびました。簡単に言えばケアのことですが、「指針」はもう少し深い意味をもたせています。

「指針」は「養護」の内容として「生命の保持」と「情緒の安定」の2つをあげています。子どもの生理的欲求を満たして生命を保持し健康的な生活を維持するための仕事が「生命の保持」、子ども一人一人に愛情深くかかわって気持ちを受け止め愛着関係・信頼関係を結びながら精神生活を支える仕事が「情緒の安定」というわけです。

一方、「教育」としては「健康」「人間関係」「環境」「言葉」「表現」の5領域を示しています。それぞれの領域での発達がバランスよく十分に促されるように、保育者がねらいとすべきことや、子どもに体験してほしい事柄などを列挙しているのですが、この内容は、「幼稚園教育要領」「幼保連携型認定こども園教育・保育要領」とほぼ共通するものになっています。

環境を通して行う「教育」の効果を上げるためには、子どもが周囲への興味や関心をいっぱいふくらませて主体的に環境（人、モノ、事象）にかかわろうとしてくれること、簡単に言えば、大人や友だちとかかわりながら思いっきり遊んでくれることが必要です。

＊「保育所保育指針」は、保育所の役割として、「子どもの最善の利益を考慮し、その福祉を積極的に増進することに最もふさわしい生活の場でなければならない」としている。

図　「養護」と「教育」のイメージ図

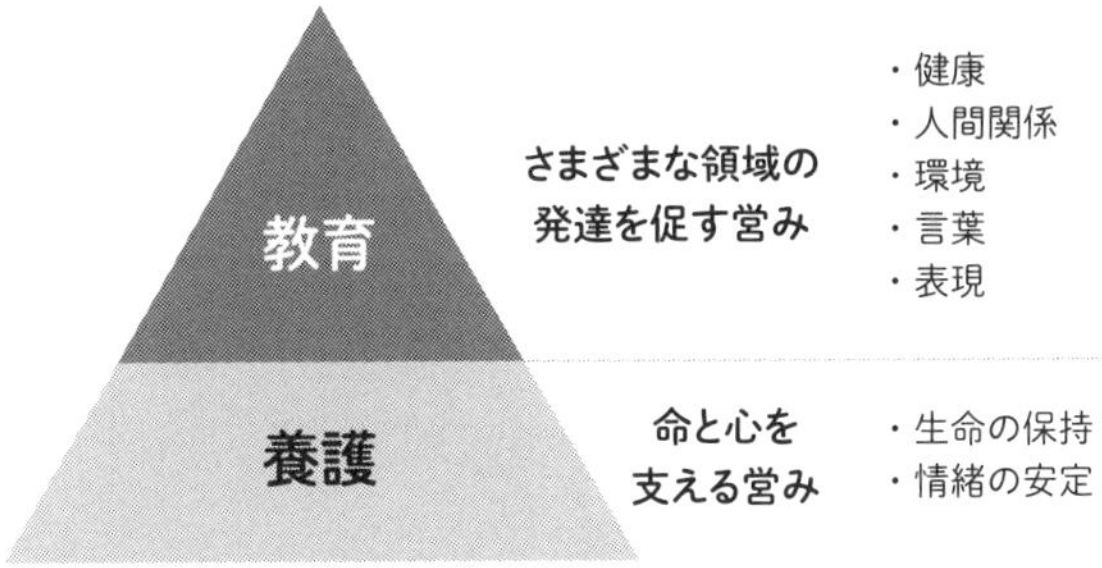
教育
さまざまな領域の
発達を促す営み
・健康
・人間関係
・環境
・言葉
・表現
養護
命と心を
支える営み
・生命の保持
・情緒の安定

＊ただし、保育の営みの中では両者は一体であり、区別することはできない。

そのためには安心が必要です。生理的欲求が満たされ、情緒が安定している状態でこそ、子どもは生き生きと遊ぶことができます。「教育」は「養護」の充実があってこそ効果的に成り立つということです。

そのような両者の機能の関係を模式的に描いたのが上の図です。ただし、実際の保育の営みは、このように分けられるわけではありません。養護のように見える営みの中にも教育の働きがあり、保育者が教育として行おうとする営みの中にも常に養護の配慮がなければなりません。

たとえば、❶で書いたオムツ替えの場面（61ページ）を思い出してください。手際よくオムツを替えることもよいが、そこで保育者が子どもと心の交流をもち愛着関係を育むことを大切にしたいという話でした。オムツ替えは典型的な「養護」の活動に見えます。排泄を介助する「生命の保持」の営みと、ふれあって心を通い合わせる「情緒の安定」の営みが合わさっています。さらに、よく考えてみると、オムツ替えをしながら保育者が「きれいにしようね」

「気持ちよくなったね」と言葉をかける行動は言葉の獲得につながる教育にもなっています。清潔さを心地よく感じる体験は「指針」が言う「健康」の領域、人とのかかわりを楽しむ体験は「人間関係」の領域の教育につながります。

長年にわたって保育にたずさわってきた人々、保育を研究してきた人々は、子どもの生活の端々に、子どもの育ちを促すこと、つまり教育の営みが隠れていることに気づいていました。こうして編み出されたのが「養護及び教育を一体的に行うこと」という言葉だったのです。そして、生活の場である保育園は、生活の営みの中でさまざまな教育を展開できる強みをもっています。

## ◈保育を選ぶ視点

乳幼児期の発達の特性を中心に書いてきましたが、「そういう基本的なことよりも、園がプラスアルファでできる教育について知りたい」と思う人もいるかもしれません。

私立の園では、保護者が求める「プラスアルファ」に応えて、いろんな形で「教育」をアピールするところが多くなってきました。外部の専門業者や人材による「英語」「体操」などの習い事を特色として打ち出す園があり、それを「プラスアルファ」の付加価値ととらえる保護者もいます。そういった習い事保育については、❾でくわしく取り上げます。

図 「オプション」よりも「基本的なこと」の充実が大事

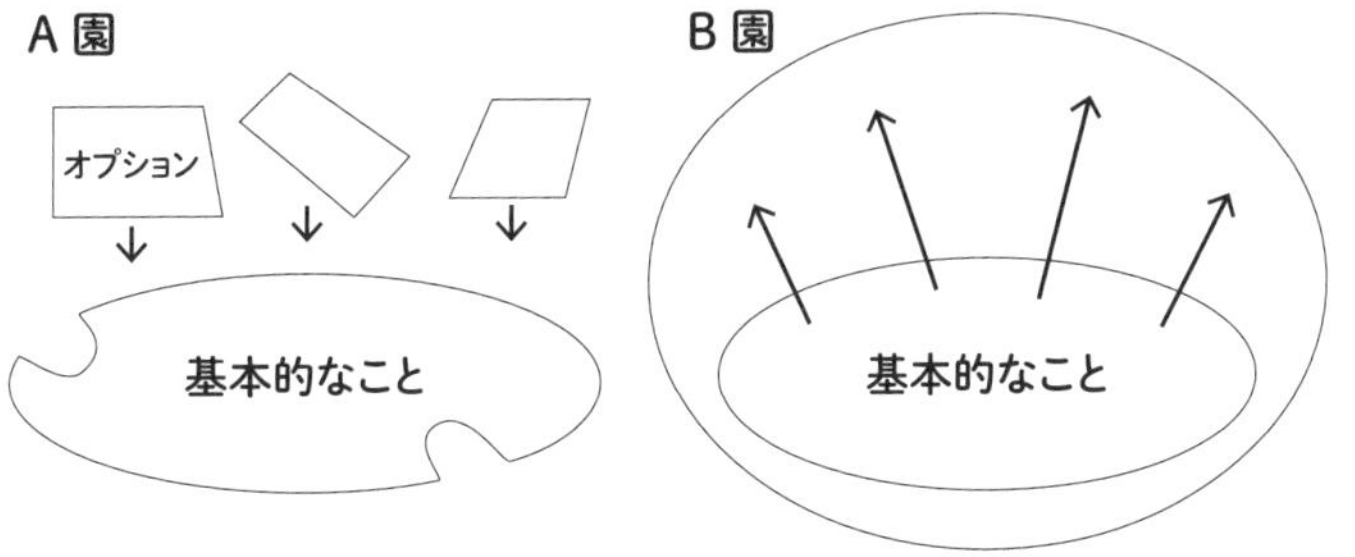


私は、多くの保育園・こども園を見てきましたが、子どもが目を見張るほど創造的に遊んでいても、とくに「プラスアルファ」の保育としてアピールしていない園もありました。一方で、「プラスアルファ」の保育としてアピールされている取り組みには、効果的と思われるものもあれば、首を傾げるものもありました。複数の習い事をアピールしていても、子どもの安心や主体的な遊びといった「基本的なこと」ができていない施設もありました。後者のような保育は、子どもにとって「プラスアルファ」にはなっていないと感じました。

複数の園を経験した保護者の方がこんなふうに話してくれたことがあります。

「保育園というからには、子どもにとって必要な基本的なことは全部できていると思って、それ以上のプラスアルファに注目して園選びをした。今から思うと、最初の園は親にとって魅力的なことをいろいろうたっていたけれど、子どもに対するこまやかさは今の園ほどなかった」

保育を選ぶ場面では「プラスアルファ」よりも「基本的なこと」ができているかどうかを重視したほうがよいということを強調したいと思います。「基本的なこと」というのは、心を通い合わせる養護や、子ども一人一人の興味・関心を生き生きとさせる教育を指します。

そもそもこれを「基本的なこと」とよぶのは正しくないかもしれません。これらを本当に実現するのは容易なことではないし、質を追求すればどこまでも広げることができるものだからです。「基本的なこと」を追求している保育を見ると、これこそ英才教育なのではないかと思うことも少なくありません。「基本的なこと」にこそ保育の質の差があらわれるのです。

コラム

## 「保育」の定義がおかしくなった

幼稚園に3歳から入園する場合を「3年保育」、4歳から入園する場合を「2年保育」と言うことからもわかるように、「保育」という言葉は幼稚園でもつかわれてきました。学校教育法でも「第22条　幼稚園は、義務教育及びその後の教育の基礎を培うものとして、幼児を保育し、幼児の健やかな成長のために適当な環境を与えて、その心身の発達を助長することを目的とする」と書いています。

ところが、幼保一体化をかけ声に2015年に施行された子ども・子育て支援法では、幼稚園の保育を「教育」、保育園の保育を「保育」とわざわざよび分けました。制度的に、3歳未満児の保育や夕方までの長時間保育は「保育の必要性」を認められた子どもしか利用できないので、そこを区別する必要があったのはわかりますが、誤解を招くよび方になってしまったことが悔やまれます。

3歳未満児の保育であっても、夕方の保育であっても、保育のあり方として必要なことは同じはずです。制度の運用のためによび分けが必要であれば「1号の保育」「2号の保育」とよぶなど、もっとよいよび方があったはずです。

当時、制度の検討会の場に参加していた私は、幼稚園だけが教育を行っていると言いたい人がいることを残念に感じていました。現在、幼保連携型認定こども園に移行する認可保育園、幼稚園がふえてきて、実情として幼保の壁はどんどん低くなってきています。立場にかかわらず、ともに子どものための最善を考え、保育の質の向上をめざしていくためにも、子ども・子育て支援法の奇妙な定義づけは改める必要があると思います。

## ③ 「幸せになる力」を伸ばすのは どんな保育?

＊学力以外にも重要な力がある
＊乳幼児期から育まれる社会情動的スキル
＊大人との関係の中で育つ力
＊子ども同士の関係の中で育つ力

### ◆感情の役割に光を当てた「こころの知能指数」

乳幼児期の教育が、知識や技術の習得に力点を置くものではないことを書いてきました。もちろん保育園や幼稚園の教育にも知識や技術を習得する場面はありますが、その前に、知識や技術を自ら求めていく気持ちを培うことが重要と考えられていて、それは遊びや生活の中で育まれていくと考えられているのです。

このようなことがオフィシャルに言われている幼児教育の世界を卒業して、小学校1年生になって義務教育を受けるようになると、教育は様変わりします。授業で教えられた知識や技術をどの程度習得したかで達成度が測られ、成績がつけられます。学年が進むにつれ、成績の存在感はどんどん大きくなり、子どもの進路を左右するようになります。

そんな未来を見通して、わが子に「学齢期に学力を伸ばせる子どもに育ってほしい」と望むのは当然のことです。乳幼児期に遊びや生活の中で学ぶことが、学齢期の学力にどうつながるのかが気になります。

その話をするために、個人の能力についての今日的な議論を紹介しましょう。

程度の差こそあれ、学校で学力を評価され成績がつけられて、それによって進む学校が決められ、将来の進路も左右されるような教育制度は万国共通のものと言えるでしょう。本来、そんな学校のしくみは、個人の努力によって格差を乗り越えられる平等な社会を実現するためのものだったと思います。残念ながら、今の日本ではそうはなっていないように見えます。

私は、日本の学校教育の過程で行きすぎた選別が行われていることや、それが高度に構造化して子どもを苦しめる学歴信奉社会になっている現状には、とても問題があると思っていますが、その話はとりあえず脇に置いておきます。

いずれにしても国家レベルでは、国民全体の学力は、経済や科学技術、文化の発展を左右するものと考えられており、どこの国でも教育は重点政策となっています。

しかし、ＩＱや学校の成績などで測ることができる能力と、実際に個人が社会で発揮する能力は必ずしもイコールではありません。心理学や教育学、労働経済学にたずさわる人々にとって、この事実はずっと大きな関心事でした。「人には学力以外に見るべき重要な能力がある」という意見はさまざまな立場の人から発信されてきました。１９９５年にアメリカで出版され、ベストセラーになった心理学者ダニエル・ゴールマンの『ＥＱ こころの知能指数』もそのひとつです。

ゴールマンは、著書の中で、情動を自覚する力やコントロールする力、他者に共感する力などの能力を情動の知性（Emotional Intelligence）とよびました。ＥＱ（Emotional Intelligence Quotient ＝心の知能指数）は、雑誌ＴＩＭＥがＩＱと対照させてつけたキャッチフレーズでしたが、日本での翻訳本のタイトルになり、日本でもＥＱがずいぶん話題になりました。

ゴールマンが注目したのは、情動にかかわる能力が人生におよぼす力でした。少し深入りして紹介しましょう。

ゴールマンは、カッとなって本人も予期していなかった殺人を犯してしまうというようなことがなぜ起こるのかという話を、脳科学で明らかにされた脳の話からはじめます。

脳の中には、進化の過程で見るとやや古い、扁桃核という器官があります。扁桃核は、外部からの刺激（感覚の信号）を受けて、好悪や怒り、恐怖などの情動反応を起こします。恐怖や怒りを感じたとき、反射的に身構えたり逃走したりできるのは、扁桃核の働きによるもので、進化の過程で生き残りのために獲得された能力と考えられます。

一方、大脳皮質の前頭前野は、外部からの刺激に対応して、感覚器官や扁桃核、脳のほかの部位からの情報を総合し、適切な反応や行動を判断する役割をもっています。通常は、この前頭前野が扁桃核と相互に信号を送り合って情動をコントロールしているのですが、緊急事態に際して、何らかの理由でこのようなチェック機能がうまく働かなかったときに、情動が暴走してしまうことが起こります。扁桃核は、大脳皮質を通さず、感覚器官から直接情報を受け取る回路をもっており、過去の恐怖などの断片的な情動記憶から前頭前野より早く反応してしまうこともあるというのです。

そう聞くと、扁桃核が悪者のように聞こえますが、この扁桃核が、人が人として生きるために、さらに重要な役割を果たしていることがわかってきました。扁桃核は、快不快、喜び、怒りなどの情動の記憶をつかさどり、海馬や前頭前野との間で情報をやりとりしています。扁桃核と前頭前野をつなぐ回路が傷つくと、知性をつかさどる大脳皮質は情動の貯蔵庫へのアクセスができなくなります。その結果、知能指数は正常であるにもかかわらず、すべての人、モノ、事象に対して、好きでもなく嫌いでもない状態、いわゆる価値判断や意思決定ができない状態になってしまうと言います。さらに、情動記憶の喪失は、相手の情動をとらえることや理解すること、つまり他者に共感することも困難にするということが、さまざまな実験的研究から明らかにされてきました。

情動つまり感情は、共感を土台とした他者とのコミュニケーション、それによって築かれる人間関係や社会活動、生きる上でのさまざまな選択や価値判断、最終的には、人の倫理観の形成にも欠かせないものであるらしいのです。

情動の豊かさは人生を彩ります。その豊かな情動をバランスよく働かせる力（情動の知性）こそが社会を生き抜くためには重要な力になるとゴールマンは強調します。

また、親と子どもの関係の重要性にもふれ、親が子どもの情動に波長を合わせたり共感したりしながら話をすることで、子どもは自分の気持ちがおさまる体験を重ねることができ、情動のよい習慣を身につけることができるのではないかと推論しています。*

ＥＱについては、当時からさまざまな研究があり、その概念については、なかなか明確な定義が得られていません。それだけに、批判もありました。しかし、情動や社会性にかかわる能力をどうすれば育めるのかという関心はますます高まり、教育関係者や産業界の

＊このほか、ゴールマンは情動の発達は認知能力や生物的な成熟とあいまって、幼児期から思春期のはじめまでの間に段階的に進んでいくものであること、たとえば自意識をもたない４歳児に謙遜を求めるなど発達段階に合わない要求は無意味であることなども指摘している。

人材育成を考える人たちの間でも研究が進められてきたのです。

## ◆知性のようには測れない「非認知能力」

近年、このような能力について「非認知能力」（非認知スキル）という言葉がつかわれるようになり、注目を集めています。その契機となったのが、労働経済学者のジェームズ・ヘックマン教授によるペリー就学前計画に関する報告でした。

ペリー就学前計画は幼児教育の効果について調べた長期にわたる追跡調査です。1962年から1967年にかけてアメリカ・ミシガン州の貧困地域で、3〜4歳児123人を対象とした1日2時間半ずつ週5日の幼児教育を実施し、この教育を受けたグループと受けなかったグループを追跡調査しました。すると40歳時点での年収、学歴、逮捕歴などに顕著な差があらわれたのです。その報告書に掲載されているのが次ページの図です。幼児教育を受けたグループは、高校卒業率が高く、年収も高く、逮捕歴は少なくなっています。

ヘックマンは、ペリー就学前計画にかかったコストと、このような幼児教育を実施しなかったときに国家が支払うコスト（治安や福祉の費用）を計算すると、幼児教育を実施したほうがコストを減らすことができるという試算を行って、すべての子どもに幼児教育を

図　ペリー就学前計画の追跡調査の結果

Lawrence J. Schweinhart, Ph.D. "*The High/Scope Perry Preschool Study Through Age 40*" より。

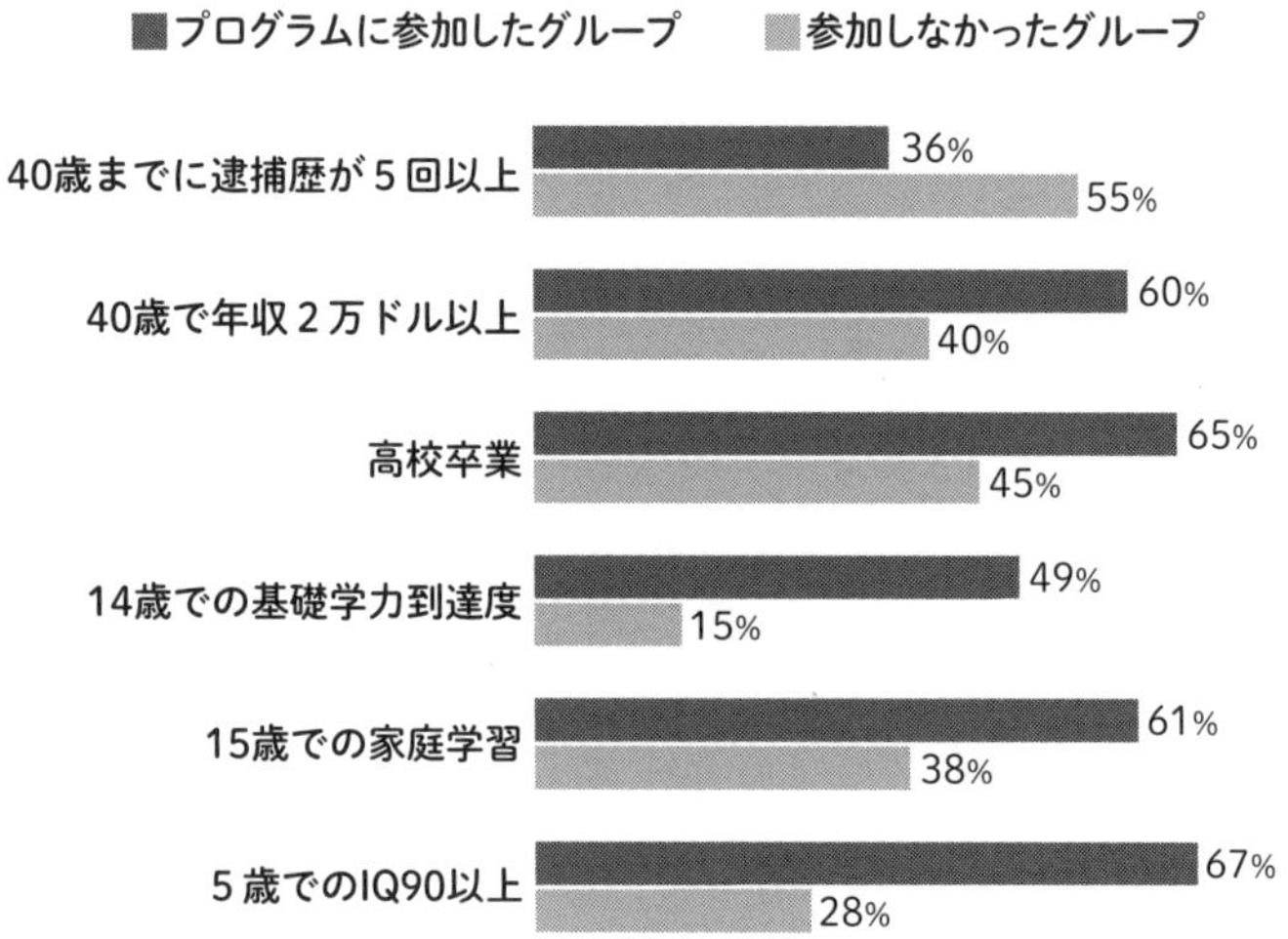

プログラムに参加したグループ
参加しなかったグループ
40歳までに逮捕歴が５回以上
36%
55%
40歳で年収２万ドル以上
60%
40%
高校卒業
65%
45%
14歳での基礎学力到達度
49%
15%
15歳での家庭学習
61%
38%
５歳でのIQ90以上
67%
28%


提供すべきことを力強く提言したのです。この発信は、先進諸国の幼児教育政策に大きな影響を与えました。

さて、この追跡調査の結果の中で、ヘックマンはＩＱの変化に注目しました。たしかに小学校入学後の数年間は、幼児教育を受けたグループのＩＱが高かったのですが、小学校の中学年からは差がなくなりました。それにもかかわらず、40歳時点でこのような差ができてしまったということは、ＩＱ以外の能力の差によるものではないかと推測されました。そこで、ヘックマンはＩＱや学業成績などの測定できる能力を認知能力、測定できない能力を非認知能力とよんで、幼児教育における非認知能力の重要性を強調しました。

### 図　ペリー就学前計画での３つの教育手法別の追跡調査

Lawrence J. Schweinhart, Ph.D. “*The High/Scope Perry Preschool Study Through Age 40*” をもとに筆者が作成。

**①ハイスコープ・モデル**
子どもが活動を計画し、教師とともにふり返りをする。大小のグループに参加しての活動もある。

**②伝統的保育モデル**
教師のゆるやかな計画のもと、社会性が育まれる環境の中で、子どもが自ら取り組む遊びに教師がかかわる。

**③直接的指導モデル**
教師の計画のもと、学力を上げる指導を行う。教師の質問に正解した子どもをほめる形で進める。

| | |
|---|---|
| **10 歳時点での IQ の値** | ③>①② |
| **その後の学校教育における到達度** | ①=②=③ |
| **23 歳時点での社会への適応**<br>（問題行動、逮捕歴の少なさ、学歴の高さ） | ①②>③ |

＊日本の「保育所保育指針」や「幼稚園教育要領」の考え方は、フレーベルを源流とする②の「伝統的保育モデル」に近いと考えられる。

ペリー就学前計画では、このことに関係する調査をもうひとつ行っています。1967年から、やはり貧困地域で3つの教育手法による幼児教育を行い、比較しました。その結果は上図のようなものでした。

10歳時点の追跡調査では、③のグループがほかのグループよりもIQで高い値を示しましたが、その後の学校教育での到達度は3つのグループに大きな違いはありませんでした。一方、23歳時点の追跡調査では、情緒障害や学校での問題行動、逮捕歴、ボランティア経験、学歴などいくつもの社会への適応を測る指標で、③のグループは①②のグループよりも顕著に劣る値になりました。この調査報告の最後には、「③は学校教育への準備としては近道であるように見えるが、学力の一時的な向上は、長期的な観点からの社会性の発達を犠牲にしているように見える」という見解がまとめられています。

つまり、教師が一方的に子どもを指導し評価するような教育手法よりも、子どもが自分のやりたいことを認められる教育、教師やほかの子どもとのかかわりを重視する教育のほうが、社会性などの非認知能力を育むことに成功しているのではないかということです。

ペリー就学前教育は、貧困地域の子どもを対象としたものであり、この結果をすべての子どもにあてはめることはできません。また、半世紀前とはいえ、このような結果を予測して社会実験を行うことの倫理的な問題も問われるでしょう。しかし、とくに社会経済的に不利な立場の子どもたちに幼児教育を保障することの重要性を明らかにし、非認知能力への注意を喚起したことは、この研究の大きな成果でした。

## ◆「スキルがスキルを生む」

今、非認知能力はいろんな言葉で説明されていますが、その内容として主にあげられるのは、自信、自尊心、意欲、楽観性、忍耐力、自制心、思いやり、社交性などです。図のように、「自分に向かう力」と「社会に向かう力」の2つの方向性を含む相互に関連する

## 図　非認知スキル（社会情動的能力）のイメージ

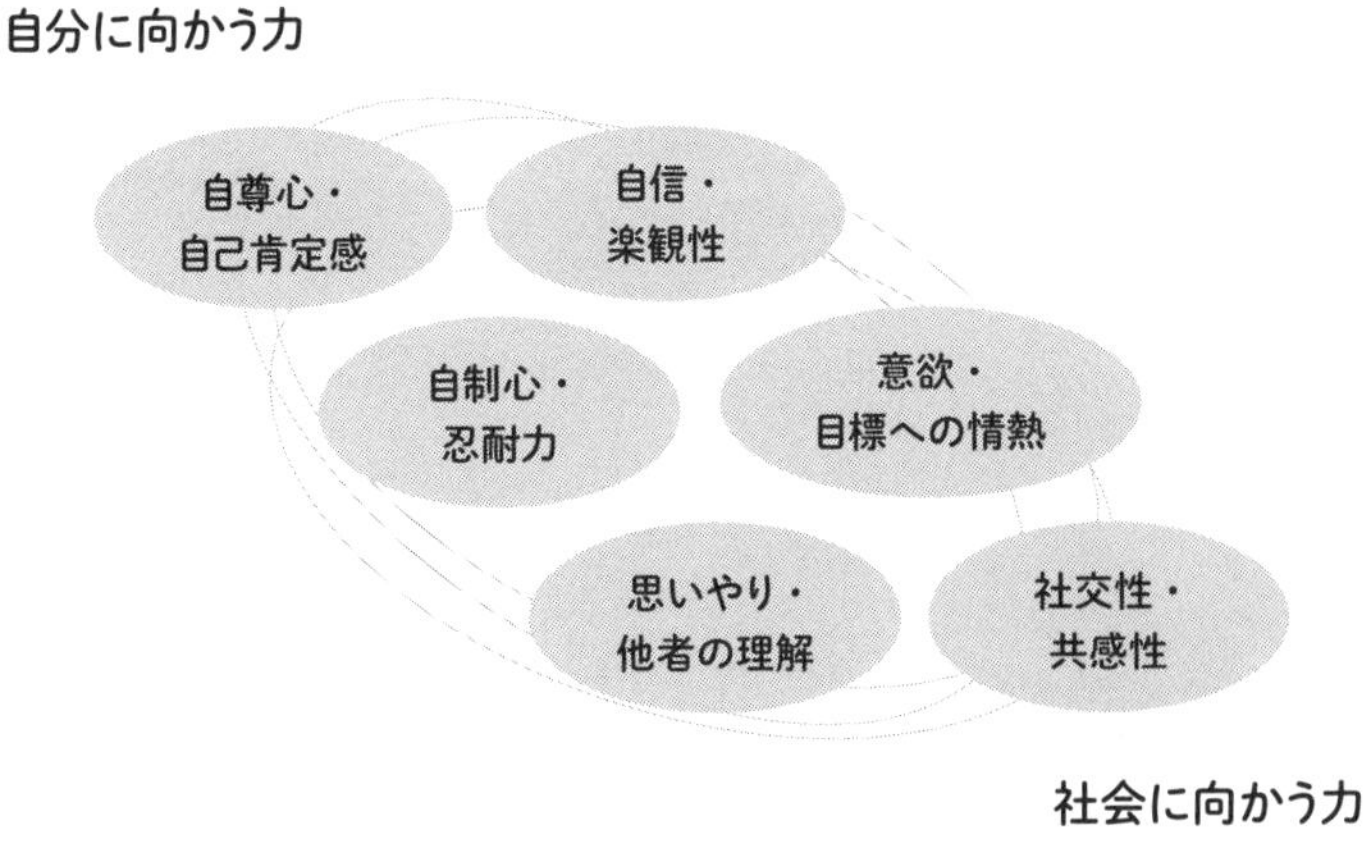
自分に向かう力
自尊心・自己肯定感
自信・楽観性
自制心・忍耐力
意欲・目標への情熱
思いやり・他者の理解
社交性・共感性
社会に向かう力

特性群としてイメージできます。

ＯＥＣＤ（経済協力開発機構）は、２０１５年に発表したレポートの中で、非認知能力をあらわすものとして社会情動的スキル（Social and Emotional Skills）という新しい言葉を用いました。認知能力のように測定できない能力という意味で非認知能力という言葉がつかわれてきたのですが、非認知能力を測定する方法も研究されつつあるからです。

社会情動的スキルについて、レポートはこんなふうに言っています。

まず、社会情動的スキルと認知的スキル（認知能力）は、生涯を通して伸ばしていくことができる力です。そして、両者は「スキルがスキルを生む」という関係にある、つまり、社会情動的スキルの発達が認知的スキルの向上を助け、認知的スキルの向上が社会情動的スキルをさらに強化するというような相互的な関係にあると考えられます。そのため、認知的スキルを育むためにも、社会情動的スキルを人生の早期から育むことが重要になります。また、大学進学率はどこの国でも認知的スキルの測定値と連動していますが、その後の社会生活における成功については、各種の社会情動的スキルの測定値との強い関連が見いだされています。

OECDのレポートは、経済を振興させる立場から各国の教育政策への提言として書かれているので、子育て家庭にとっては、ちょっと息がつまるような話になっているかもしれません。とくに、このレポートやヘックマンの著書によく出てくる「社会的に成功する」「人生に成功する」という言葉（訳語）に違和感をもつ人は少なくないと思います。私たちの社会では、ささやかでも平和で健康な生活を営めることの幸せを実感している人が多く、こんなふうに「のし上がる」的な表現は、どちらかというと好まれない傾向があります。

しかし、このレポートでの「成功」は、人が社会に適応し経済的に安定して快適に暮らしていくということも含んでいることに注意する必要があります。たとえば、レポートは、社会情動的スキルが、健康、主観的ウェルビーイングの向上、反社会的行動の減少に関与しているという調査結果を数多く取り上げています。主観的ウェルビーイングとは、簡単に言うと、自分の人生に対する満足度のことです。それぞれが自分らしく、自分の願いや目標を実現できる力、つまり「幸せになる力」について書かれていると考えるとわかりやすくなります。

これまでの教育政策は、学力にばかりに目を奪われがちでしたが、OECDのレポートは社会情動的スキルに注目するよう各国の政策立案者に提言しています。社会情動的スキルは、目標に向かって見通しを立て、ねばり強く取り組み、他者と協力して目標を達成することを助け、認知的スキルの伸びを支える力です。社会情動的スキルを育むことは、個人の幸せを増加させると同時に、人々が互いを尊重し協力し合う社会をつくることを助けます。この力がどのように育まれるのかについてさらに探求し、そのための環境を整えて、子どもたちの未来を支える必要があるとレポートは主張します。

### ◆保育が育む社会情動的スキル

社会情動的スキルを人生の早い時期から育むために、家庭や保育・教育施設の役割は大きいと考えられています。しかし、それは具体的にどんな子育て、どんな保育なのでしょうか。

ここまでの話の流れはこうでした。

この時期の子どもの学びは、自ら体験しながら、周囲の環境（人、モノ、事象）とのかかわりを通して広がっていくという保育の子ども観についてくわしく説明しました。『EQ 心の知能指数』からは、豊かな情動とそれをコントロールする力はともに重要であること、子どもが養育者から情動を受け止められる体験がEQを高めるという話を紹介しました。ペリー就学前計画については、幼児期に非認知能力が育まれることの重要性と、教師主導の幼児教育が貧困層の子どもの社会性を育むことに失敗していたかもしれないとする調査結果にもふれました。

このような知見は互いに通じるところがあります。

毎日長い時間を過ごす保育園・こども園は、乳幼児期に社会情動的スキルを育む環境として大きなものになります。❷で強調した保育の「基本的なこと」（79ページ）を思い起こしてください。

子どもが安心できて、主体的な存在として尊重されることは、社会情動的スキルを育む上で重要であることは明らかです。信頼する保育者に見守られて遊びや生活の活動をしながら、子どもは達成感を味わったり、うまくいかなくて心が折れたり、さまざまな気持ちを味わいます。そのとき、周囲の大人があたたかく向き合ってくれること、一緒に喜んでくれること、ネガティブな気持ちも受け止めてくれることで、子どもは励まされ、自信や立ち直る力、自分の気持ちをコントロールする力を育んでいけるのです。

また、このとき、大人が発する言葉も重要な学びの助けになります。言語化されることで、子どもは自分の状態や気持ちを言葉で認識できるようになります。それが、やがては自分を客観的に見ること（メタ認知）につながるからです。すでに言葉を獲得している年齢では、大人が先まわりせず、子どもの言葉に耳を傾け応答することも大切です。自分で考えて言葉をつむぎ出す力や、一方的ではない対話の習慣も、大切な社会情動的スキルだからです。

これらのことは親と子どもの関係においても言えることですが、保育園・こども園には核家族の家庭にはない環境があります。子ども同士の関係です。

園では友だちと共感し合ったり一緒に楽しんだりする体験があふれていますが、同時に、物を取り合ったりけんかをしたりといった出来事も日常茶飯事です。子どもたちは園で自分の主張が通らないくやしさ、悲しさもたくさん味わっています。

私の子どもがお世話になった保育園の当時の園長が、「子どもの世界はいつでも真剣勝負です！」と話してくれたことがありました。わが子が園で仲よく遊べているかどうかを心配する保護者に向けて、この時期の子ども同士のぶつかり合いも大切な育ちのプロセスであることを説明してくれたのでした。

子どもが自己主張できるようになることは重要な発達過程ですが、子ども同士では、それが容赦なくぶつかり合うことがあります。自分の主張を通そうと必死にがんばったり、相手を泣かせたり自分が泣いてしまったり。そこで悲しい気持ちを感じ合うことも、和解する方法を懸命に考えることも、子どもの力を伸ばす機会になります。

子ども同士のぶつかり合いの場面では、保育者のかかわりはとくに重要です。言葉が出ない時期の子ども同士には、「○○ちゃんもつかいたいんだって」と言葉で相手の気持ちを伝えて橋渡しをすることもあります。手が出そうなときや言葉の争いでも一方的になっているときは、間に入ってクールダウンし、それぞれの言い分を聞いたります。和解の方法を提案することもあれば、あえて介入しないで見守ることもあります。

どんな場面でも、一人一人の子どもの気持ちを理解しようとする保育者の姿は、それを見ている子どもの中に高い共感性を育むはずです。子どもたちの中に相手を尊重する気持ちが大きく育まれ、やがては自分たちの力で解決できるようになる姿を目標において、かかわり方を考えるのも保育者の専門性と言えます。


3歳くらいの子どもに保育者が「お友だちの気持ちも考えなさい！」とお説教をしている場面を見たことがありますが、それはむずかしい注文だと思います。

3歳くらいまでは、子どもはまわりの人の心が自分の心とは別であることがわからず、自分が感じていることや知っていることは、相手も同じように感じたり知っているものと考えてしまうと言います（くわしくは、117ページ コラム 参照）。大人がその場で相手の気持ちを推し量る言葉を発することは子どもに考えるヒントを提供しますが、「相手の気持ちを考える」という言葉での要求は、3歳児にとってかなりむずかしいものになるでしょう。

このように発達の過程を理解しないで大人の視点からの無理な注文をしても、子どもの中には「叱られた」ことしか残りません。それでは、自尊心を育む保育にはならないと思います。

ちなみに、相手には相手の気持ちがあるということがわかるようになっても、それが自分の気持ちとぶつかり合ったときに、相手と理解し合いたいと思い、自分を抑えられるかどうかは別問題です。友だちと「わかり合いたい」「仲直りをしたい」と思うためには、子ども自身が「みんなといると楽しい」「協力し合えばおもしろいことができる」という体験を積んでいることが必要です。

「相手の気持ちを考えない」「ルールを守れない」ことを「悪い子」と決めつけて罰を与えるような保育ではなく、子どもが自分からその必要性を感じられるように、そのための体験が豊かにできるような保育こそが、社会情動的スキルを育むと考えられます。

## ◆保育を選ぶ視点

ここに書いたようなことは、園見学でちらっと保育を見ただけではなかなかわかりません。1日の保育の流れの中で、子ども一人一人がどう過ごしているか、子ども同士の関係はどうなっているかを見通して、保育者が判断していることも多いからです。また、見学では、園の側が保護者の好む「教育的な」一斉活動の時間を見せようとすることも多く、ふだんの保育が見られないこともあります。

まず、施設長や主任から保育方針の説明を受ける場合には、**子どもの自由な遊びや子ども同士の関係をどう見ているかにも注意してみるとよいでしょう。**子ども同士のもめごとについて質問してみると、ようすがわかるかもしれません。

保育のようすが見られる場合には、**保育者の子どもへの接し方が共感的であるかどうか、一方的に命令したり叱ったりする保育になっていないかは、**チェックポイントと言えそうです。子どもの発達に合わないお説教をしている保育者がいたら、勉強不足のあらわれです。0・1歳児では、保育者に見守られながら安心してそれぞれの遊びができているか、3歳以上の幼児では、ごっこ遊びなど子ども同士がかかわって遊べるような環境が用意されているかなども大切なポイントになります。

最後に、このテーマに関連するエピソードをひとつ、コラムに紹介しておきます。これは、保育団体が発行している機関誌*の「保育園を考える親の会」会員による連載コーナー「ことば」に掲載されたものです。心に残った保育者の言葉について書かれています。

コラム

## 心に残る保育者の言葉①

「人と一緒に過ごすのが楽しいと思える子に育ってほしい」

3歳の息子の保育園では、通常のクラス風景を参観できる「保育参加」という制度がある。超マイペースである息子が、園で団体行動ができるか不安にかられ「保育参加」に申し込んだ。

そして、当日。絵カルタでは1枚もとれず、椅子取りゲームでは最初に脱落した。気になったのは息子の姿。ニコニコしていてくやしがる素ぶりがない。「団体行動はとれているものの、勝負心がなくて大丈夫だろうか」と心配になった。

その後、副園長や担任の先生と面談があった。面談で、副園長先生が次のように話された。

*全国私立保育連盟『保育通信』2016年6月1日号掲載の保護者エッセイより。

「私が保育でいちばん大事にしているのは、『人と一緒にいると楽しいな』という気持ち。たとえば、手が冷たい子がいたら、手を握って『冷たくなっちゃったね～』ってふれあいます。そういう小さな積み重ねで、子どもの感情が育っていくのだと思います」

たしかに人と一緒にいるのが楽しいのなら、ずっと心豊かに過ごせそうだ。よい環境で育てられていることがわかり安堵した。

園からの帰り道、息子に聞いた。

「今日何が楽しかった？」

「椅子取りゲームでね、お友だちの応援をしたこと！」

息子の心の中に育つ、人といると楽しく感じる気持ちの芽を見つけ、息子の手をぎゅっと握った。

（「保育園を考える親の会」会員）

4

# 「一人一人を大切にする保育」って何だろう？

＊集団保育だからこそ一人一人が大切

＊生活リズム・発達の違いへの対応を見る

＊一人一人を理解して家庭に伝える工夫

＊園や保育者の姿勢や言葉から感じ取ろう

## ◆37回の「一人一人」

「保育所保育指針」の中には「一人一人」という言葉が37回出てきます。必要なところには、もらさずこの言葉が配置されています。指針はなぜ「一人一人」という言葉をくり返しているのでしょう。

そこには、保育園が集団で生活する場だからこそ、一人一人の子どもにていねいに目を向ける必要があるという強いいいましめがあるのだと思います。

親が保育園・こども園を見たときに最初に不安になるのもそこではないでしょうか。家庭では、家族の中心にいて親から目を離されることなく過ごしている子どもが、園に行けば1人の先生が何人もの子どもを担当する中で生活するのです。

「この子がこんなふうにするときはお腹がすいているんだけど、先生わかってくれるかな」

「だっこじゃないと寝ないいんだけど、先生の手は足りるのかしら」

たいていの場合、入園後いろんな心配事は次々に解決して、やがて保育者からわが子の知らない面を伝えられて驚くようになるのですが、そんな安心がやってこないこともあります。「ちゃんと見てくれているのかなあ」という心配がいつまでも残ったり、保育者にもっとわが子を理解してほしいと願うような状況になったり。そんな入園後のトラブルにそなえる意味も含め、「一人一人を大切にする保育」がどんな保育なのかについて、考えておきたいと思います。

### ◆「一人一人」の生活リズムを尊重する

――個々の生活リズム、担当制、ランチルーム、ビュッフェ形式、自由な午睡

保育園・こども園では、1日のスケジュールがだいたい決まっていて、それにそって集団で生活します。一方、家庭の暮らしはさまざまです。親の仕事によっては、家庭の生活時間が変則的になっている場合もあります。子どもの生活は家庭から園へ、園から家庭へとつながっていますので、うまくつなげてあげないと子どもがつらい思いをします。

保育園・こども園は、家庭と連絡をとり合いながら子どもが園の生活リズムになじめるように生活を組み立てていきます。生活を組み立てるというのは、子どもの生活が無理なく生き生きとメリハリのあるものになるように、クラス全体の活動、食事、睡眠などの時間や内容を調整していくということです。

とくに、0歳児については、生理的なリズムの個人差が大きい時期ですので、それぞれの生活リズムに合わせて保育することが必要だと言われています。保育者の手は限られているので、変幻自在というわけにはいきませんが、それでも午前中に睡眠をとるかどうかなどは子どものようすを見ながら個別に対応している園が多いでしょう。

乳児保育の専門性が高いと評判の園では、子どもの生活リズムに合わせて食事の時間を少しずつずらして、保育者と子どもが1対1あるいは1対2くらいの小さな単位で食事をするようにしていました。これは子ども一人一人のリズムに合わせる意味もありますが、保育者が子どもの食べる喜びに共感しながらていねいにかかわるような食事のほうが、子どもの心の育ちを豊かにすると考えていることもあります。

ある園の園長は「一斉に食事をしないというのは保育者がたいへんかと思いましたが、やってみると落ち着いた食事ができて、保育者の負担感は減りました。食事をこぼす量も少なくなって、あと片づけも楽になりました」と話していました。

0~2歳児のクラスで、子どもごとに主な担当保育者を決める「担当制」を採用している園も多く見られます。生活面のケアを特定の保育者が担当することで、子どもと保育者の愛着関係が築かれやすくなると考えているからです。担当保育者が毎日全部の時間をカバーすることはできないので、「ゆるやかな担当制」とよぶ場合もあります。

年齢が上がるにつれ、子どもの生活のリズムは安定していきますので、クラス全員で一斉に食事をしたり睡眠をとったりするようになります。1歳以上では、食事はクラスで一斉に配膳して、みんなで「いただきます」をして食べる形が一般的ですが、独自の工夫をしている園もあります。

＊新型コロナ感染症拡大時は、感染防止のため、これらの方式を休止する園が多く見られた。

ランチルームで3〜5歳の異年齢のグループ（5人前後）で食卓を囲み、きょうだいのような「だんらん」を楽しめるようにしている園。やはり3歳以上児の食事をビュッフェ形式にして自分で量を調整できるようにしている園。ビュッフェ形式では保育者が量の申告を受けてつぐ方式、自分でつぐ方式、当番の子どもがつぐ方式などがあって、話を聞くとそれぞれに試行錯誤があることがわかります。＊

ある園では、子どもの遊びを尊重するために、3歳以上児の昼食の時間に幅をもたせ、その時間内に自由にランチルームに来て食事をすればよいことにしていました。園長は、「子どもは遊びの切りがよいところで食べにきます。ランチルームが混むときもありますが、お友だちとおしゃべりしながら待つこともできるし、お腹がすいている子は時計を見て早めにきます。テーブルごとに『いただきます』を言ってから食べるお約束になっています」と話していました。子どもが自律的に生活することの教育的効果は大きなものだと思います。

3歳以上児の午睡（昼寝）については議論があります。睡眠学者から「保育園児はお昼寝をするせいで宵っぱりになっている」と指摘を受けたこともありました。一般的には、小学校入学後に眠くなってしまわないように、年長組（5歳児クラス）の10月あるいは1月ごろから午睡をしないようにする園が多いのですが、もっと早くやめる園もあります。

午睡の必要性ついて話し合うと、保護者からもさまざまな意見が出ます。午睡が長すぎて子どもが夜なかなか寝つかず就寝時間が遅くなるという意見、保育時間が長いので午睡がないと子どもがもたず帰宅してから寝てしまい、やはり就寝時間が遅くなるという意見などなど。

保育者側の事情も指摘されています。午睡の時間に連絡ノートや記録を書く書類仕事をしている場合が多く、子どもが寝てくれないと困るというのです。本来は、子どもから離れて事務や会議ができる時間が確保されるよう、保育士配置をふやすなどの改善が必要だと思います。

ちなみに幼少期に保育園に通っていた大人から「保育園は楽しかったけど、お昼寝を強制されるのがいやだった」という話を聞くことは少なくありません。眠くないのに布団の中で目を閉じていなければならないのは苦痛だと思います。また、5歳のある時期から布団に入らず机に突っ伏して休息をとるようにしているという園の話を聞いたことがありますが、そんな姿勢を強要されるのも逆につらいのではないでしょうか。SNSでそれを読んだ人は「授業中に居眠りをする練習ですか」とつぶやいていました。

私の子どもがお世話になった園は、5歳の4月から午睡がなくなっていました。わが子も午睡がなくなると夜早く寝るようになって楽になったことを覚えています。また、午睡の時間に保育園をたずねると、5歳児だけが起きていて、静かな環境で5歳児らしいごっこ遊びに集中している姿が印象的でした。
午睡は、子どもの心身の状態、家族の生活様式によっても必要性が異なります。職員数や保育室スペースにゆとりがあるかどうかによってできることは違いますが、子どもを尊重するのであれば、眠い子どもは眠れる、眠くない子どもは眠らなくてよいようにすべきでしょう。「眠くなかったら静かに起きていてもいい」というルールの園はふえてきているると思います。そんな園では、保育者が連絡ノートを書くかたわらで、子どもがお絵描きをしたり、ブロックをつくったりする姿が見られます。

保育園・こども園は集団で生活する場なので、ある程度そろって生活をすることが必要ですし、協力し合って共同生活をすることで培われるものも多いと思います。しかし、保育者に一律の生活を強いられて、子ども一人一人の主体性や自分を大切に思う気持ちが軽んじられるようなことは、避けなければならないと思います。

## ◆「一人一人」の発達の違いを尊重する
### ——早生まれの子ども、高月齢・低月齢、縦割り保育

30歳と31歳の人が並んでいても年齢による違いを見つけることはまずできませんが、保

育園の同じ年齢クラスの中の3月生まれと4月生まれでは大きな違いがあります。1歳児クラスでは、よちよちあんよの子どもと、走っておいかけっこもできる子どもが一緒に生活する状況が生まれます。年齢が上がるにつれ、月齢差は少しずつ小さくなっていきますが、5歳児クラスでも、できることの差はまだまだ大きい場合が多いでしょう。

発達著しい乳幼児期の1学年には幅広い発達過程が含まれます。クラス全員に同じやり方で保育を行えば、ついて行けなくて疎外されてしまう子どもも出てきます。

「保育所保育指針」に37回登場する「一人一人」という言葉のうち、そのうしろに「発達」や「発育」という言葉がつながるところは8ヵ所あります。この言葉には、それぞれの発達をしっかり把握し、一人一人に応じた保育をしてほしいという願いが込められているのです。

たとえば、保護者からの相談や現場を見て気になるのはこんなことです。

・月齢の低い子どもが「お荷物」状態で保育者からせかされてばかりいる。
・集団での行動に取り残されて孤立している子どもがいる。
・月齢の高い子どもが自分でできるからと放っておかれている。

とくに心配なのは、「いつも叱られる」「いつもできない」「いつもビリ」という体験をしている月齢の低い子どもです。保育の場を、早生まれの子どもが自信を育めない環境にしないように工夫する必要があると思います。

対応策は、やはり保育者の力量にかかっています。子どもたちの間でできることに差ができてしまうことはしかたのないことですが、そのことを子どもがどう感じるかは、保育者の姿勢にもよると思います。保育者がそれぞれの子どもなりにがんばったこと達成できたことに気づき、ほめたり一緒に喜んだりすることで、子どもは自分が認められたと感じることができます。逆に、子どもの「できる」「できない」を強調しすぎていたり、いつも同じ子どもが叱られているような保育は、子どものコンプレックスを育ててしまいます。「またできないの?」「ほら、またあなたが最後だよ」という言葉がくり返される保育は見直す必要があるということです。こんな言葉が出てしまう保育者のイライラは、経験が不足していたり、担当する子どもの人数が多すぎたり、保育者同士のチームワークがうまくできていないときに発生しやすいようです。

園によっては、クラスの分け方を工夫しています。

0～1歳児クラスを高月齢・低月齢で分けて、グループの人数を減らし、月齢差を小さくしている園もあります。この年齢のグループは少人数にしたほうが、保育者と子どもの関係が早く安定し、子どもが落ち着いて遊べることがわかっています。もちろん、グループが小さいほうが保育者は一人一人の子どもの発達を理解しやすいし、食事や散歩などの活動の場面でも援助がしやすいということもあります。保育者が無理をしなくてもよい体制をつくることが、子どもへの余計なプレッシャーを防止することにつながります。

3歳以上児では、「縦割り保育」（異年齢保育）を取り入れている園もあります。これは、年齢別ではない、異年齢が含まれる縦割りのグループに分ける保育の方法です。ひとつのグループの中に3学年が含まれるので、学年の中での月齢差が際立たなくなります。「縦割り保育」で、発達が遅れぎみの子どもが自分のペースで生活できていると話してくれた園もありました。

この保育では、発達の月齢差や個人差が目立たなくなるということのほかに、年上の子どもが年下の子どもにやさしくしたり、年下の子どもが年上の子どもへのあこがれをもつことで意欲的になったり、きょうだい体験が豊かになるというメリットがあげられています。

他方、年齢による力の差が大きい活動に取り組む場合などには、年齢別グループのほうが発達に応じた活動がしやすいし、安全を確保しやすいという指摘もあります。

そのため、日ごろは異年齢グループで生活していても、活動内容によっては年齢別グループにするなどの工夫をする園もふえています。

## ◆「一人一人」の理解を大切にする
### ――エピソード記録、ドキュメンテーション、ポートフォリオ、ラーニングストーリー

集団で生活する保育園・こども園では、生活にかかわることや発達に関して、一人一人のペースが尊重されることが大切であることを説明してきました。

といっても、これは簡単なことではありません。一人一人を尊重するためには、一人一人の子どもの心身の発達過程や個性、家庭での暮らし方、そのときどきの気持ちを理解することが必要になります。なぜ○○ができないのだろう、なぜ突然○○をしてしまうのだろう、もっと生き生きと○○できるようになるためにはどうしたらいいのだろう、などなど。保育の場面で困ったり気になったりすることを、保育者はふり返り、記録にとり、考え、仲間と話し合います。その上で「今この子にとって必要なことは何か」を考えるのも、保育者の大切な仕事なのです。

友だちとかかわることが苦手、不本意なことがあると気持ちが崩れて立て直せない、乱暴になってしまうといった傾向が際立ってしまう子どももいます。以前は、そんな子どもを「問題児」とよんで「家庭のしつけが悪い」と保護者を責める保育者もいました。今は、

そんな保育者は勉強が足りないと言われるでしょう。周囲への適応がむずかしい子どもほど、保育の場では気持ちに寄り添う対応が必要であり、そんな保育によって子どもの心の育ちを支えられることがわかってきたからです。そのとき、保護者の悩みを聞き、支えることも必要になります。発達障害と診断される場合もありますが、障害の有無とは関係なく、保育はいつでもまず子どもを理解することからはじまります。

保育の探究に熱心な園では、保育者がエピソード記録などを書くことで、保育のふり返りをしています。保育者が日常の保育での子どものエピソードをつづり、その中で子どもの気持ちや保育者（自分）について考察し、保育の自己評価をします。

たとえばどんな内容なのか、何十分の一くらいの要約になってしまいますが、印象的な3つのエピソードを「あらすじ」にして紹介しましょう。実際には、もっとこまやかな記述がされています。*

## ① がんばっている心に気づく

妹2人の面倒もよく見るしっかり者のAくん（5歳）が、延長保育時間に、めずらしく3歳児が遊んでいたブロックを取り上げてしまった。保育者はいつもとは違う姿に驚いてわけをたずねるが「ほしかったから……」とだけ答える。保育者は、ブロックを握りしめて黙っている

*①②は鯨岡峻「保育する営みはなぜ難しいのかを考える」（全国私立保育連盟『保育通信』2020年2月1日号および同1月1日号）、③は安曇幸子・吉田裕子・伊野緑・田代康子『子どもとつながる　子どもがつながる』（ひとなる書房、2014年）収録のエピソードから筆者があらすじを作成したもの。

Aくんをひざの上に引き寄せて、「そんなときもあるさ。大丈夫だよ。いつもがまんばっかりしなくていいよ」と声をかけた。お迎えのころにはすっきりした表情にもどったAくんだったが、保育者は日頃つい「年長さんだから」という見方になりがちなことを反省し、「生まれてまだ5年なのだ」と心にきざんだ。

### ②自由に表現できないこだわりに気づく

絵が好きなのに、園ではなかなか描けないBくん（5歳）。ある日、Bくんの目の前で、奔放なCくんがおしゃべりしながら保育者の絵にどんどん描き足して塗りつぶしてしまった。一瞬あぜんとしていたBくんも一緒になって描き、3人で楽しく絵を描いた。保育者は、ちゃんと描こうと思うあまり描けなかったBくんの気持ちに気づき、つい描き方を指示しがちだった自分のかかわり方を反省した。

### ③自分なりの関係づくりを助ける

入園してきて3ヵ月たってもあまり話をしないDちゃん（3歳）。ある日、めずらしく犬のまねをして保育者のところにやってきた。保育者は「あら、かわいいワンちゃん」と応じ、「私のワンちゃんなの」と友だちに紹介すると、みんなでごっこ遊びになった。それからワンちゃんになりきることで保育者に甘えたりみんなと遊んだりできるDちゃんの気持ちを理解して応えるうちに、Dちゃんは自然にクラスに溶け込んでいった。

エピソード記録を読むと、保育がまさに人間探究の仕事であることを感じることができます。活字になっているものも多いので、読んでみると子育てのヒントになると思います。

記録をとりながら保育の質を高める試みはほかにもあります。

掲示、クラスだより、個人別アルバム、連絡ノートなども保育のふり返りの一種と言えます。

ドキュメンテーション、ポートフォリオ、ラーニングストーリーなどは、簡単に言えば、家庭に向けた写真入りのレポートのようなものです。子どものがんばりや成長が見える場面などを写真に撮り、子どもの気持ちを代弁したり、保育者の視点からコメントしたりします。最近では、こういった内容をアプリやホームページをつかって保護者に見てもらう園もふえています。

これらの取り組みは、保育者が自らの保育をふり返るとともに、子どもの姿を家庭に伝えることにも主眼が置かれています。

園で、子どもは家庭では見られない姿を見せています。そんな姿を家庭に伝えてもらうことで、家庭の子育ても励まされるのです。また、保育者が子どもを見る視点から、保護者もわが子の理解を深めることができます。これらの取り組みは、園と保護者がともに子どもを見守り、成長を喜び合う関係になることをめざしたものです。

## ◈保育を選ぶ視点

ここまで、「一人一人を大切にする保育」を実現するために、保育園・こども園が取り組んでいる工夫を中心に書いてきました。保育の工夫は、園によってさまざまに行われていて、どれがいちばんよいということは言えません。また、ここに書いた以外にも、ユニークな工夫を行っている園はたくさんあると思います。

一方、このような工夫はどの園でもできるわけではなく、保育者にそれだけのゆとりがあることも必要です。園の保育体制、施設長の考え方、施設設備、職員の層などの条件に左右される場合も多いのです。

保護者が地域の保育を選ぼうとするとき、施設にはっきりした個性が見えないこともあるでしょう。あるいは、ほかの園と違って個性的なのだけれど、これはよいことなのかどうかと不安に思うこともあるはずです。

そんなときは、もう一度この章を読み直してみてください。「こういう取り組みはなかったけれど、保育者は子どもの気持ちを察して話していたな」「クラスの人数は多いけれど、子どもたちは落ち着いて自分の遊びができていたな」など、**子ども一人一人を大切にする保育者の姿勢や、大切にされている子どもの安心感**が端々に見えていれば、信頼できるでしょう。

見学で案内してくれる人に、「**0歳児だけ食事の時間が早いのはなぜですか？**」「**なぜ午睡は別の部屋でするのですか？**」など、1日の過ごし方や、保育室のつかい方について、質問してみるのもよいでしょう。

「この時期の子どもの発達はこうだから」「子どもたちがこんな生活ができるようにしたいから」と、子ども中心の深い考えが聞ければ安心につながります。

**こういうことをやっているから○、やっていないから×ということは言えませんが、これらの取り組みの「心」を知っておくと、実際の保育を見たときにわかることが多くなるはず**です。

コラム

## 「心の理論」の獲得

発達心理学には、子どもの心の発達を解明しようとする有名な実験が数々ありますが、その中でも「心の理論」の実験に、私は大きなインパクトを受けました。

赤ちゃんがほかの赤ちゃんの泣き声につられて泣いたり、1歳児が泣いている仲間をなぐさめたりすることがあるように、小さくても子どもは他人に共感できることがわかっています。しかし「相手の立場になって物事を考える」ことができるようになるのは、実は幼児期の終わりまで待たなければならないということが、「心の理論」の実験で明らかにされています。

「心の理論」の実験にはさまざまなものがありますが、いちばんわかりやすいのは、「サリーとアン」の課題です。実験では、子どもにこんな質問をします。

①サリーとアンは同じ部屋で遊んでいました。
②③サリーは、ビー玉をカゴの中にしまって、外に出て行きました。
④アンは、サリーがいない間にビー玉を箱の中に移しました。
⑤サリーが部屋にもどってきて、ビー玉で遊びたいと思いました。
　サリーは最初にどこを探すでしょう?

サリーはビー玉が箱に移されたことを知らないので、「カゴ」が正解なのですが、3歳くらいまでは多くの子どもが「箱」と答えてしまいます。「自分が見えているものとサリーから見えているものは違うので、サリーは自分とは違う判断をするはずだ」ということを推察できる「心の

## 図　サリーとアンの実験

U・フリス著、冨田真紀ほか訳『新訂 自閉症の謎を解き明かす』東京書籍、2009年、より転載。

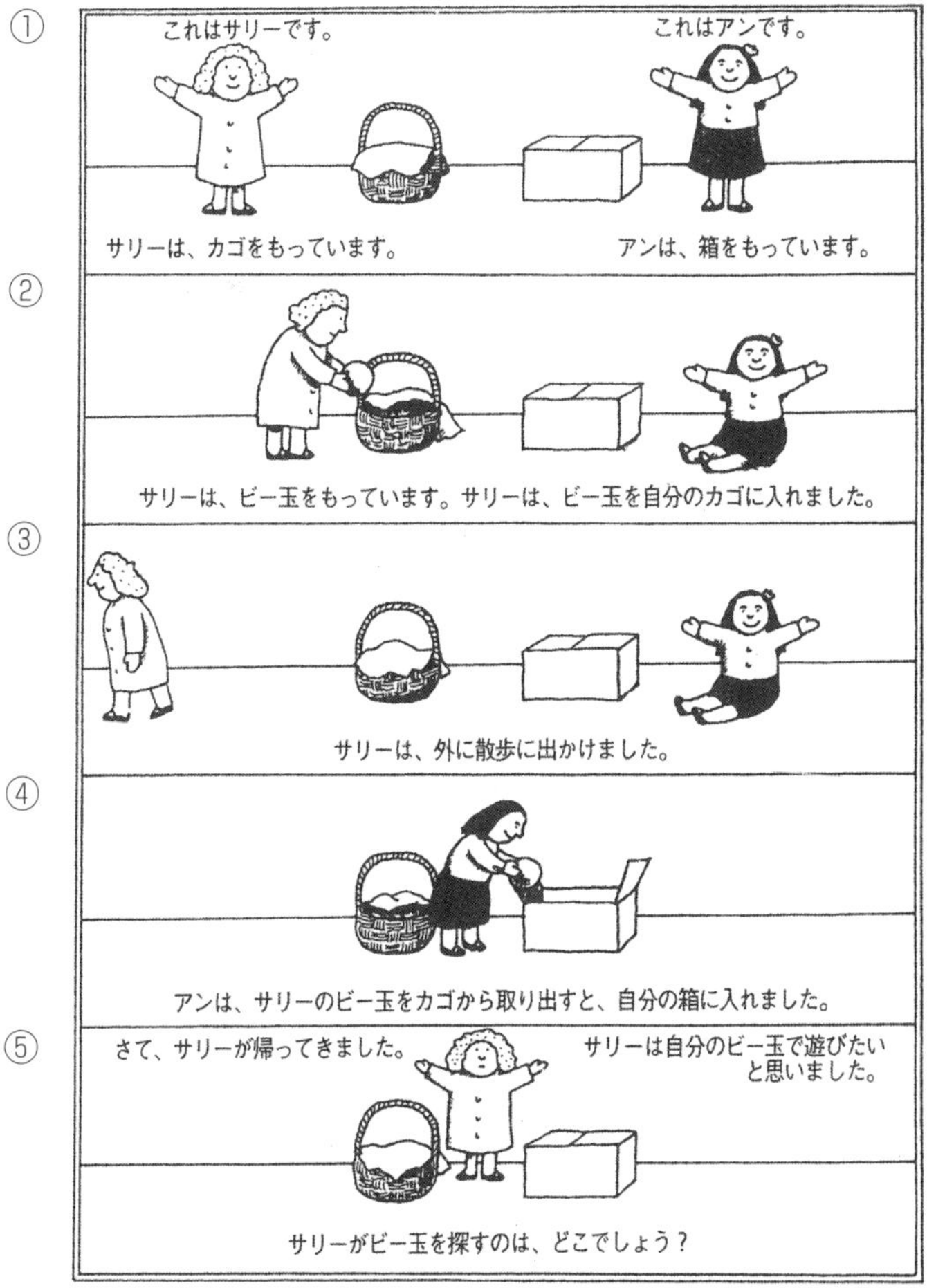
①
これはサリーです。
これはアンです。
サリーは、カゴをもっています。
アンは、箱をもっています。
②
サリーは、ビー玉をもっています。サリーは、ビー玉を自分のカゴに入れました。
③
サリーは、外に散歩に出かけました。
④
アンは、サリーのビー玉をカゴから取り出すと、自分の箱に入れました。
⑤
さて、サリーが帰ってきました。
サリーは自分のビー玉で遊びたいと思いました。
サリーがビー玉を探すのは、どこでしょう？

理論」がまだできないためにまちがえてしまうのだと考えられています。この問題の正答率は、4歳から6歳にかけてだんだんに上がっていくそうです。

つまり、相手の立場、視点に立って物事を考えるというのは、幼児にとってはとてもむずかしいことなのです。さまざまな感性や認知の力が発達して、徐々に「心の理論」を獲得していくのでしょう。「心の理論」には、さらに複雑な課題がありますが、複雑になればなるほど、正答できる年齢は上がっていくと言います。

私はこの実験を知ったとき、「人の心ってすごいな」と単純に感動しました。同時に、一人前に話せて一見わかっているように見える子どもでも、実は理解できていないことがあって、それは当たり前のことと受け止めなくてはいけない場合があることを、私たち大人は見逃していないだろうかと自戒しました。

大人同士の関係でも、「こんなこともわからないの!」とやたら腹が立ってしまうときは、『心の理論』が足りていないいかも」と自分をふり返ってみる必要があるかもしれません。

# 5 保育室のようすからわかること

＊遊び込める空間になっているかを見る
＊おもちゃのそろえ方にも意味がある
＊知育絵本だけではさびしい
＊防災対策がずさん、過密な環境はＮＧ

## ◆広々したフローリングは気持ちいいが……

「保育園」「保育室」でネット検索すると、ぴっかぴかのフローリングの床が広がる保育室の写真がたくさん出てきます。完成直後に撮ったのでしょう。物がなくすっきりしていて、大人の目には、清潔で気持ちいい環境に見えます。

ところが、実際には、そんな保育室では、子どもは落ち着いて生活できません。とくに小さな子どもたちは、だだっ広い空間よりも、適度に区切られた空間のほうが落ち着きます。そのため、部分的に敷物を敷いたり、棚で区切ったりして、座って落ち着ける空間をつくっている園は多いでしょう。

3歳以上の幼児の部屋の設定は、園によってかなり個性があります。壁際の棚で囲まれた空間にテーブルと椅子が並んでいるだけの保育室もあれば、部屋の中がおままごとコーナー、絵本コーナー、床に展開する遊びのコーナー、パズルなどの机上遊びのコーナー、お絵描きや工作の素材が用意されたコーナーなどの遊びのコーナーに分かれていて、それがときどき模様替えされるという凝った園もあります。

園見学をすると、つい施設の新しさや設備の立派さなどに目を引かれてしまいがちですが、子どもにとって落ち着いて遊んだり休んだりできる空間になっているかどうかという視点から見てみることも大切です。

## ◆子ども自身がおもちゃを選べるようになっているか？

保育室などのハード面ばかりを重視することはおすすめできないのですが、保育室のようすから保育の考え方がわかる部分もあります。

そのもっとも顕著なものがおもちゃです。

保育園の「第三者評価*」の評価基準には、「子どもの自主性、自発性を尊重して遊びこめる時間や空間に配慮しているか」という項目がありますが、この評価では、子ども自身がおもちゃを選んで遊べるようになっているかどうかも見られます。

子どもの主体的な活動を大切にしている園であれば、子どもが手にとれるように低い棚におもちゃが並べてあるはずです。なんでも口に入れてしまう0歳児の場合は、安全なものだけにする必要がありますが。

逆に、おもちゃが全部しまってある園もあります。

ある園で、0歳児が集められて座っているところに、保育者がブロックを餌のようにバラバラとまくところを見ました。目の前におもちゃがそれしかないので、何人かの子どもはブロックをつかんで遊びはじめましたが、心にひっかかる光景でした。

また、ある園では、幼児クラスにおもちゃがひとつもありませんでした。理由を聞くと、「子どもは無からなんでもつくり出せる創造性をもっているから」ということでした。たしかに子どもは、車のおもちゃがなくても積み木を車に見立てて遊ぶことができるし、ままごとセットがなくても何かほかの素材を鍋やお皿に見立てて遊ぶこともできます。でも、その保育室には見立てるためにつかえる物さえなかったのです。しばらく保育を見学しましたが、結局、子どもたちの間での遊びはなくすべて保育者の指示に従って活動して

＊都道府県が認定した評価機関が保育施設の運営状況や保育内容について評価する制度。受審は任意。

いました。このとき、おもちゃは子ども同士の遊びをつなぐものとしても大切であることを知りました。

悪い意味で気になった例ばかりあげてしまいましたが、逆に遊びについての園の工夫にうれしくなることも少なくありません。

既製品のおもちゃのほかに、日用品を遊びに取り入れている園がありました。鮮やかな色のプラスチック製の料理用ボウルがたくさんあったので「これはなんですか？」と聞くと、「おままごとにもつかえるし、お人形のお風呂になったり、ヘルメットになったり。伏せたら、ほらおもしろいでしょ。いろんな遊びにつかえるんですよ」と保育者が楽しそうに話してくれました。安くてきれいなので置いてみたら、大人気だったとか。子どもたちが想像力を働かせて遊ぶために、あれこれと工夫していることが伝わってきました。

こんなふうに、保育室のようすには、その園の子ども観があらわれています。

もちろん、保育室が狭いためにおもちゃや素材類を出しておくことができない場合もあります。安全のためにおもちゃを出しすぎないようにしていたり、発達に合わせて入れ替えるために考えがあっておもちゃがしまってある場合もあります。

制約のある中で子どもたちにどんな環境を提供できるか、園ごとに工夫があり、考え方があります。

## ◆発達に合ったおもちゃを用意しているか？

前に、発達の「旬」という話を書きましたが（71ページ）、各クラスのおもちゃが「旬」を考えて用意されていることも大切です。

たとえば、井桁ブロック（格子型のピースを中心としたプラスチック製のブロック）は大きくてやわらかくてはめやすく、大きなものもつくれるので、全年齢でつかえるおもちゃかもしれません。しかし、全クラスのブロックが井桁ブロックという園があったとしたら、それは少し工夫が足りないように思います。できれば、年齢ごとに子どもの発達の「旬」に合ったおもちゃをとり入れて変化をもたせてほしいものです。

ブロックで言えば、組み合わせて形をつくって遊ぶのは2、3歳ごろからと言われていますが、4、5歳になれば手先もよく動くようになってきて、だんだんパーツが小さいものや組み合わせるのに力が必要なものもつかえるようになっていきます。

5歳児クラスに小さな平たいパーツをカチッとはめて立体もつくれるパズルブロックが置かれているのをよく見かけるようになりました。指先の器用さと立体を想像する力が要求されるおもちゃです。口に入れるとあぶないので0・1歳児クラスには持ち込めません。

かまぼこ板のような形のシンプルで小さな木の板を積んで遊ぶ積み木も注目されています。この積み木は、小さな子どもが床に並べて遊ぶこともできますが、本領が発揮されるのは、たくさん積んで大きな物をつくるときです。積み木なので、ぶつかると崩れますが、上手にバランスよく積み上げれば、大きくて複雑なものをつくることもできます。価格は安くありませんが、幼児クラスに大量にそろえる園もふえています。

私自身は、箱に書かれていた「対象年齢」が子どもの年齢よりも高い、より高度なおもちゃを与えることで知能の発達を促せるのではないかと考えるような愚かな親でしたが、そんなことをしても、子どもはおもちゃをつかいこなせません。手先の器用さなどの身体的な発達、認識力、想像力の発達によって子どもの遊びは変化し、そこで生きるおもちゃも変わってくるのです。

保育園・こども園では、子どもの間で流行もあります。みんなが夢中になって取り組んで、遊びや制作がどんどん高度なものになっていくのを見て、保育者が新しいおもちゃや材料を提供することもあります。

そんなふうに子どものようすを見ながら、おもちゃなどの環境を考えてくれている園は、教育の質が高い園だと思います。

## ◆おもちゃの片づけ問題

保育室をたずねると、壁に子どもたちが描いた絵がはってあったり、棚にお散歩で見つけた木の実が飾られていたりする中に、つくりかけのブロック作品が置いてあることがあります。「お片づけするのを忘れたのかな」と思うかもしれませんが、子どもの遊びの継続を考えて、「つくりかけ」を置いてよいことにしている園もあります。

集中して遊びが続けられるようになるのも、4、5歳の子どもの大きな成長です。「明日も続きをやりたい」という子どもの気持ちを尊重することで、ねばり強く続けることを応援し達成感が感じられるように配慮することは、とてもよいことだと思います。日中の遊びでも、その場を離れるときに「つづきします」カードを置けるようにしている園もありました。

こういった配慮は別として、保育室を片づけることも大切です。生活習慣を身につけるためにも、遊びの切れ目でおもちゃを片づけるように子どもたちに声をかけている園は多いでしょう。子どもたちが片づけやすいように、棚にしまうべきおもちゃの写真がはってある園もあります。

保育室や廊下などが雑然としている園は、安全への配慮が十分ではない場合もあります。

## ◆絵本棚を見てみよう

絵本へのこだわりも園によってさまざまです。

買いそろえるにはお金がかかるので、新設園では数が少ない場合もあります。蔵書が多い園では、絵本室をつくったり、廊下や玄関ホールなどに本棚を設けて近くに椅子やソファを置いている園もありました。そんな園では、たいてい貸し出しも行っていて、お迎えのときにノートに記入すれば家に持ち帰れるようになっています。私の子どもがお世話になった園は紙芝居も貸し出していて、帰りに子どもに「これ読んで」と言われて借りて帰っていました。

絵本室や絵本コーナーがなくても、ほとんどの園で各保育室に絵本立てや本棚を置いています。保育室に絵本を置いておくことで、子どもは気が向いたときに絵本を見ることができます。まだ自分で読めない年齢の子どももページをめくって楽しむ姿が見られます。

これまで見た中には、本棚に月刊の知育雑誌しかないところもありました。物語の絵本、できればみんなが知っているような名作絵本もあったほうがうれしいですね。

また、3歳以上児の保育室に図鑑をそなえている園は多いでしょう。子どもたちが散歩先で見つけた花や虫を調べるので、図鑑がボロボロという園もありました。家庭ではなかなかそういう流れにならないので、貴重な機会を提供していると思います。

## ◆保育を選ぶ視点

保育室のようすは目に見えるので、保護者にもわかりやすいと思います。

ここまで保育内容と関連する話を中心に書いてきましたが、施設の物理的な状態も大切です。地震のときに倒れそうな家具があったり、うず高く物が積み上がっているような園は、安全への意識が疑われます。

明るさ、風通し、日当たりもほしいですね。子どもにとっての居心地も、子どもの目線から見てください。**低い視線で見て落ち着く感じか、窓から見える景色は？　好きな遊びをできる広さや環境はあるか、**などなど。人数に対して部屋が狭く子どもの密度が高い施設では、ケガが多発していたり、ケガ防止のために遊びを制限している場合もあります。

おもちゃや絵本については、ここまで書いてきたようなさまざまな取り組みも参考にしてほしいと思います。

施設設備や備品は、保育者が変えたいと思ってもすぐに変えられるものではありません。さきほど高価なおもちゃをそろえている園の話をしましたが、どの園でも買えるわけではありません。「もっとこんな環境にしたい！」と思いながら、制約のある中でがんばっている園もあります。そんな保育者の思いは、たとえ理想形になっていなくても、保育室のようすにあらわれているはずです。

コラム

## 子どもの遊びの広がり

心理学者パーテンは2歳から5歳ごろまでの子どもの遊びを次のように分類しました。

①ひとり遊び：ほかの子どもとかかわらず、ひとりで遊ぶ状態。
②傍観遊び：ほかの子どもがやっていることに興味をもつようになり、そばで見たり口を出したりしますが、遊びに加わろうとはしない状態。
③平行遊び：ほかの子どものそばで同じ遊びをしていて、一見一緒に遊んでいるように見えるが、実は互いのかかわりはなく、それぞれで遊んでいる状態。
④連合遊び：ほかの子どもと一緒に、同じものをつかってかかわって遊んでいるが、役割分担などはない状態。

⑤ 共同遊び：共通の目的をもって、ほかの子どもと協力し合ったり役割を分担したりして遊んでいる状態。組織的な遊びとも言われる。

2～3歳では平行遊びが多いのですが、4～5歳になると連合遊びや共同遊びが多くなると言います。子ども同士、言葉で伝え合えるようになり、イメージを共有できるようになり、互いに役割をもって遊ぶなど、だんだんに社会性を帯びた複雑な遊びができるようになっていくのですね。このような遊びの分析から、子どもの遊びにも発達にそった展開があることがわかり、遊びが学びであることを改めて感じることができます。

なお、この順番は遊びのレベルをあらわしているわけではなく、遊び方が広がっていくことを示しています。5歳になってもひとり遊びはします。年齢にかかわらず、一人で集中して遊ぶ時間は大事です。

ひとりで遊んでいても、大人数で遊んでいても、仲よく盛り上がっていても、けんかになっていても、子どもは遊びの中からたくさんのことを学んでいます。

6

# 保育者のようすからわかること

＊子どもをひとりの人間としてみてほしい
＊子どもを従えるのがよい保育ではない
＊目線の高さや子どもの体の扱い方に注目
＊場の空気や信頼感をもてるかの直感も大切に

## ◆子どもに向き合っているか？

すでに保育者の役割についてたくさんのことを書いてきましたが、ここでは、保育者のようすからわかることについて考えてみたいと思います。

親としては、わが子を見てくれる保育者がやさしい人であることを願いますね。

でも、「やさしい」保育者とは、どういう人のことでしょう。ニコニコしていれば、「やさしい」のでしょうか。怒らなければ「やさしい」のでしょうか。それも言えなくはないと思いますが、私は、常に子どもを一人の人間として尊重できるということも「やさしい」保育者の条件なのではないかと思います。当たり前のことのようですが、とても大切なことだと思います。

よちよち歩きの子どもに「ねんねしに行こうか」と話しかけてやさしく手を引く保育者もいれば、何も言わずうしろから両脇をもって運んでしまう保育者もいます。子どもはされるがままですが、せめて一声かけてほしいのではないでしょうか。これは小さなことですが、子どもの体の扱い方は気になります。保育者がバタバタと忙しくする中で、子どもが乱暴に着替えさせられている場面に出会ったこともありますが、自分がそんなふうにされたら切ないだろうなと思いました。

子どもに話しかけるときや話を聞くとき、腰を落として子どもと目線の高さが同じになるようにしている保育者は多いと思います。そんな姿にも、保育者が子どもを尊重する姿勢があらわれると思います。

## ◆保育者が「支配者」でいいか？

運動や文字・数などについての特別なプログラムを行っている園でのこと。運動のプログラムが終わって、保育者が「みんな集まって！」と言うと、子どもたちが「はい！」と返事をしてさっと集まりました。その園では、何事をするにもそのように行動することを子どもに求めていました。その規律正しいようすを見たら、「小さな子どもたちがこんなにしっかり行動している！」と感動する人もいるでしょう。でも、子どもたちが保育者を見る目を見たとき、私は奇妙さを感じました。みんなキラキラと光る目で保育者を見ていました。それは、保育者に忠誠を誓う視線でした。みんなが保育者に認められたいと真剣に願っていることがわかりました。それはたぶん、保育者にほめられることが最大の栄誉となるような集団を保育者自身がつくってきたからだと思います。保育者は子どもたちの「支配者」だったのです。

そういう保育をどう評価したらよいでしょう。学校に入ったら規律正しい行動が求められるから慣れておくといいねと考えられるでしょうか。私は、子どもたちがそうやって毎日、保育者に無心に従って生活していく中で、自由に発想する力や自分を表現する力などは育まれているだろうかと疑問に思いました。子どもは保育者との関係、子ども同士の関係の中で、葛藤も含めたさまざまな心の交流を体験しながら、いわゆる社会情動的スキルを身につけていくのではないでしょうか。保育者に忠実に従う関係はシンプルすぎるように思います。「支配者」がいなくなったとき、子どもは何を自分の判断基準として行動したらいいのか迷ってしまいそうです。

## ◆保育はチームワーク

保護者に園見学で何に注目したかをたずねたアンケートで、「チームワークを見た」という答えがありました。なかなか鋭い視点です。

室内遊び、園庭遊び、散歩、食事、午睡など、保育の場面が変わるときには、保育者は分担して子どもの援助をしたり安全を確認したりしながら次の動きへと移っていかなくてはなりません。子どもが転んだりして1人への対応が必要になったときは、その保育者が見守っていた範囲をほかの保育者が見守ります。保育者たちは、1日の流れの中でのそれぞれの動きをだいたい決めておき、突発的なことには臨機応変に対応するのですが、たいへんなことだと思います。*

そんな保育を確実にスムーズに行っていくためには、保育者同士のチームワークは不可

＊どこの園でも保育者はローテーションを組んで１日の開所時間をカバーする。常勤の保育者のほかに、短時間勤務の保育者が入る時間帯もある。１人担任のクラスでも、複数の保育者がかかわって保育が成り立っているので、情報の共有はとても重要。

欠です。保育をしながら、保育者同士がどんなふうにコミュニケーションをとっているか、冷たい空気が流れていないかなどは気になるところです。

保育研究者の間でも、保育の質を高めるために保育者同士の関係が重要という指摘があります。それは単に、作業をスムーズにするためのチームワークという意味ではありません。保育について話し合える風通しのよい関係が、保育者の専門性を高め、園としての理念を共有したり高めたりすることに有効だと考えられているのです。

たとえば、さきほど紹介したエピソード記録のような日常の出来事について保育者同士で話し合えるような関係です。それによって保育者は自分の保育をふり返るとともに、仲間の体験や意見から新しいアイデアを得たり、問題を軌道修正したりできるのです。

ところで、保育者同士の仲がよさそうでも、保育中の会話が友だち同士のおしゃべりになっているのは困ります。お散歩で子どもの手を引いている保育者同士が、まったく関係のないおしゃべりに夢中になっていて、子どもは話しかけられることもなく黙って歩かされていたという話がＳＮＳに上がっていたことがありましたが、専門職としての自覚が問われる場面かと思われます。

## ◈保育を選ぶ視点

見学などで少しだけ保育のようすを見ても、保育者と子どもの関係まではなかなかわからないかもしれません。保育に動きがあるとき、たとえば、お散歩に出かける、お散歩から帰ってきた、食事の準備に入った、子ども同士のトラブルが発生したなどのときは、保育者の子どもに対する姿勢が正直にあらわれやすいので注目しましょう。

保育者にゆとりがなくイライラしている、子どもへの当たりが強い、保育者が子どもに命令する声ばかり聞こえる、手や体を乱暴にひっぱるなど子どもを尊重していない動作がある、子どもがおびえている、子どもを泣かせっぱなしにしている、子どもに元気がない（ただし、見学者に人見知りしている場合もあります）などのことがあったら、保育の質を心配したほうがよいかもしれません。

**保育者の言動に「あれ？」と思ったら、「わが子がこんなふうにされたらどうだろう」「私が保育されていたらどうだろう」「ここで自分が働くとしたらどうだろう」と立場を置き換えてみると、**自分なりに判断ができることがあると思います。

特別なことはないように見えるのであれば、もっと直感的に見てもよいと思います。「子どもへの視線がやさしい」「話しかけ方がやさしい」「子どもが安心して甘えている」

「何かわからないけど、信頼できる感じがする」……そんな親としての直感も大切です。

コラム

## 心に残る保育者の言葉②*

「見守っていて、よかったです」

年中組の息子は、次の行動に切り替えることが苦手だ。年少組のとき通っていた保育園では、保育者から次の行動を促す声がけがまったく届かず、強い指導が続き、ついに息子は登園拒否。思い悩んだ末に、年中組になるとき、自由な環境の保育園に転園した。

転園してしばらくたったころ、担任の先生からこんな話をされた。

「砂場でお店屋さんごっこをして遊んだあと、みんなお片づけをするとき、○○くんは片づけせずにお部屋にもどったんですよ」

*全国私立保育連盟『保育通信』2018年5月1日号掲載の保護者エッセイより。

私の顔が曇っていたのだろう。担任の先生はあわてて、

「違うんです。そのあと、○○くんが紙に『へいてん』（閉店）と書いた看板を持ってきてくれたんです。見守っていてよかったです。○○くんの素敵な発想をつぶしてしまうところでした」

と、うれしそうに教えてくれた。

片づけをせずに違う場所に移動したら、私も息子を叱っていただろう。先生は、目先の行動ではなく、息子がしようとすることを信じてくれたのだ。

信じてもらった息子は、保育園が大好きで、毎日が楽しいと話している。また、先生からの言葉がけで行動を切り替えられることもふえているそうだ。「見守るとは、子どもを信じて待つこと」なのだと、先生から教えてもらった気がした。

（「保育園を考える親の会」会員）

# 7 保護者への姿勢からわかること

＊「母性神話」は時代遅れ
＊保護者はお客様ではなく協力者
＊「利便性が高い＝保育の質が高い」ではない
＊園長や保育者の話し方から感じとろう

## ◆「母性神話」から「相互理解」へ

私の子どもが保育園児だったころは、保育園は今のようではありませんでした。保育時間は短かったし、布オムツしかつかえない園、何品もの園用品の手づくりを求める園が結構ありました。その後、母親にもフルタイマーの会社員が多くなると家庭の忙しさに理解を求める声が高まり、保育園が親の働き方に合わせて変わっていきました。保育時間が長くなり、紙オムツを選べるようになり、手づくりを求められることは少なくなりました。親に対するサービスがよくなったのです。*

このとき、「どんどん便利になって、母親が子どものことをしなくなる」と嘆く保育者もいましたが、私は的外れだと思いました。父親もいるのに母親だけの責任にしていること、時間をかけて苦労するのが母親の愛情だと考えていること、もはや裁縫は家事ではなく趣味になっていることに気づいていないことなどはおかしなことでした。「保育園を考える親の会」の会員は、「ミシンに向かう時間があったら、子どもと向き合いたい」と言いました。名言だったと思います。当時、「子育ては母親の仕事」という母性神話（17ページ）が根強く、保育者の中にも、母親が子どもを預けていることを責める気持ちがあったのかもしれません。

*布オムツについては、現在も教育上の理念をもって継続している園もある。

時代が変わり、今、表立ってそんなことを言う保育者はいません。「保育所保育指針」には「子育て支援」の章があります。そこには、保育園は保護者の気持ちを受け止め、相互の信頼関係のもとで子育てを支援すること、子どものようすや保育の意図を伝えて、保護者と相互理解を図るように努力することなどが書かれています。「指針」にはじめて保護者への支援についての章が設けられたのは2009年でしたが、これを受けて、家庭のあり方を尊重し、保護者との関係をていねいにつくっていこうとする園や保育者がふえたように感じています。

今も保育者から、忙しい保護者たちが子どもに十分に気持ちや目を向けられていないのではないかと心配する声を聞くことがあります。でも、保護者が子どもに気持ちや目を向けるためには、保護者に対して仕事を減らすよう求めたり、苦手な裁縫を強いたりするのではなく、理解したり共感したり手助けをしたりして支援することのほうが大切だと考えてくれている保育者も多いと思います。

園選びでは、そんな保護者に対する姿勢も見ておきたいところです。

ところで、さきほど時代が変化し園の親に対するサービスがよくなったと書きましたが、保育を親へのサービスととらえると、園選びをまちがってしまうこともあります。ネットなどでは、利便性に注目した園選びのアドバイスも見られますが、園の一見不便なことの中には、実際に体験してみると必要だったと感じることもあります。具体的にあげてみましょう。

## ◆玄関送迎方式で「省略」されるもの

新型コロナ感染防止対策のために保護者の園内への立ち入りを一時的に禁止した園もありますが、平常時は多くの園で、朝子どもを送ってくると、保護者が保育室まできてロッカーに着替えを補充し、お迎えのときも保護者自身が保育室で汚れ物や荷物を回収する方式がとられています。

これに対して、送迎のとき、子どもと荷物を玄関で受け渡しし、保護者が園内に入らない保育園もあります。もともとはビルにテナントで入っている手狭な保育園ではじまったことでしたが、それが便利だと思う人もいるようです。たしかに、忙しい朝夕の時間、少しでも時間短縮できるのはうれしいことです。

しかし、こういった送迎方式にはデメリットもあります。

ある市の公立保育園で、送迎時のタイムカードを園に入るときと出るときに打刻するようにルールを変更したとき、保護者の間で大騒ぎになりました。延長保育に入る直前の時間にすべり込んでいた保護者が、急いで園を出なくてはならないため、保育者と話す時間がなくなる、ほかの子どもと遊んでいるわが子のようすが見られない、保育室に飾ってあるものを見ながら子どもと話をするのがほっとする時間だったのに、などの不満が出されたのです。

そう。保育園の中に入って保育者と話をしたり子どもたちのようすが見られたりすることは、保護者にとって安心感や楽しみにつながっているのです。

私は、保護者から保育について相談を受けることが多いのですが、問題にしていることについて「ほかの保護者の方はなんとおっしゃっているんですか?」と聞くと、「ほかの保護者とはほとんど会わないので、わかりません」と言う人も少なくありません。玄関送迎方式では、保護者同士のつながりも薄くなりがちです。

忙しい家庭には便利かもしれませんが、よいことばかりではないことも知っておいたほうがよいでしょう。

## ◆「どろんこ遊び」は洗濯がたいへん?

自前の園庭がある園では「どろんこ遊び」を取り入れているところが多いと思います。土に水を流してどろんこをつくり、こねくりまわして遊びます。どろ団子をつくったり、ままごとの材料にしたり、ブルーシートの上に流してすべったり、いろんな遊び方があって、子どもも大人も夢中になって遊べます。

ところが、衣服についたどろ汚れは洗濯ではなかなかとれません。そのため、家庭で悲鳴が上がることもあります。園選びについての情報交換で「どろんこ遊びや外遊びが多い園は洗濯がたいへんなのでは」という意見もありましたが、それはもったいない考え方です。家庭では土にふれる機会が少なく、また公園も「どろんこ遊び」ができるところはめったにないので、園で体験できるのはラッキーなことだと私は思います。

「どろんこ遊び」には、子どもたちを夢中にさせる魅力があります。楽しいということがいちばん大切ですが、どろの質感や可塑性（形が変わること）は、子どもの感性や観察力、想像力、創作意欲をフル稼働させる絶好の教材と考えられています。また、どろ団子は手間をかければぴかぴかの球体に仕上げることができるので、マニアになる子どもが続出します。子どもたちは、どうすれば堅くツヤのあるどろ団子ができるか、試行錯誤をし、ノウハウを伝え合います。手近なもので現実の物質の物理的変化をこれだけ追求できる体験は、なかなかないと思います。

長くなってしまいましたが、そのくらい「どろんこ遊び」は価値のあるものです。ネットで検索してみると、全国各地の保育園やこども園、幼稚園の子どもたちのダイナミックな遊びの画像などをたくさん見ることができます。

もちろん家庭としては、園に着ていく服が次々にどろ染みだらけになっていくのは困ります。そこで、ほとんどの園が、家庭から「どろんこ用の着替え」を持参するようにお願いしているはずです。

少し面倒かもしれませんが、家庭が協力することで、その労は子どもの育ちとしてもどってくると思います。

## ◆「使用済みオムツ持ち帰りの有無」も気になるけれど

数年前に、使用済みオムツの持ち帰りが問題になったことがありました。それまで、保育園では使用済み紙オムツをレジ袋などに入れて保護者が家に持ち帰るのが一般的でした。紙オムツがなかった時代には、汚れた布オムツは家で洗濯していましたので、その流れのまま紙オムツも持ち帰っていたのです。

しかし、今はみんなが紙オムツを利用する時代です。使用済みの紙オムツは重くて臭い。SNSでひとたび問題にされると、「なぜ持ち帰らせるのか」「事業ゴミ代を負担してもいいから園で処分してほしい」などの声が広がりました。これに対して、「便は健康のバロメーターだから家庭でも確認してほしい」という説明をした自治体もありましたが、これに対して、「家庭で便が入っている紙オムツを開けて確認することはほぼありえない」「便に異変があれば園は家庭に知らせるのではないのか」という反論がありました。

また、調べてみると、保育園の衛生管理基準が厳しくなり、使用済みオムツを持ち帰らせる場合は個人別にフタつきバケツなどに保管しなければならず、その容器は毎日消毒が必要で、保育者の負担がふえていることもわかりました。

こうなると、園で即座にまとめて管理して処分することが合理的であることはまちがいありません。このような議論をふまえて、自治体が使用済みオムツの事業ゴミ代を補助するケースも出てきました。経費の問題や地域事情などのために従来の方法を簡単には変えられない園もあると思いますが、一括処分する園はふえています。

それでも、ネットに出ている園選びのチェックリストに「オムツの持ち帰りの有無」がチェック項目になっているのを見たとき、うなってしまいました。もしも、

A園「オムツの持ち帰り」なし。
保育者に余裕がなく、子どもをヒステリックに叱っていた。
B園「オムツの持ち帰り」あり。
保育者はゆとりをもち、子どもにやさしくかかわっていた。

という2園から選択する場合は、B園を選択したほうがよいことは明らかです。レジ袋

ひとつの荷物と、子どもの安心や健やかな育ちをてんびんにはかけられません。こういったチェック項目には、次元の異なるものが混在している場合があることに注意が必要です。

## ◆行事の回数

運動会、発表会、保護者懇談会、個人面談、その他の保護者が参加する行事が気になる人は多いでしょう。平日に行われると、保護者は仕事を休まなくてはなりません。そのため、入園前は「保護者参加行事は少ないほうがいい」と思う人も多いようです。

「保育園を考える親の会」で「保護者が参加する行事の頻度」について聞いたアンケートでは、「ちょうどよい」と答えた人が86%、「少なすぎる」が10%、「多すぎる」が5%という結果になりました。このような感想の背景には、多くの保育園が保護者の仕事に配慮して日時などを決めていることがあります。

運動会や発表会などの大きな行事は、土曜日などの実施が多くなっています。保護者懇談会などは平日の午後も多いのですが、夕方遅い時間にしている園もあります。個別面談などは保護者が都合のよい日時で申し込めるようにしている場合が多いようです。

入園当初は子どもの病気で登園できない日が多くなるので、行事のために仕事を休むのはもったいなく感じられるでしょう。でも、年に数回、園でのわが子の姿を見たりほかの保護者に会ったりできるのは貴重な機会です。私のまわりでは、むしろ楽しみにしている人のほうが多いと思います。「行事の回数は少ないほうがいい」と決めてかからないほうがよいでしょう。

頼めば年間の行事予定表をくれる園は多いと思うので、心配な人は見学の際にもらっておきましょう。

## ◆父母会の意味

保育園の父母会（保護者会、親の会など名称はさまざま）について、役員をやりたくないからないほうがいいと考える人もいるようです。「保育園を考える親の会」のメーリングリストで父母会の話題が出ると投稿数が急増するので、悩んでいる人が多いのかもしれません。

父母会にもいろいろな形がありますが、多くが保護者同士の親睦や、子どものために園に協力することを活動目的に掲げています。具体的な活動としては、年に1回程度の親睦会を開くだけのところもあれば、バザーやお祭りなどの大規模なイベントを開催しているところもあります。

長年、保護者の相談を受けてきた私の経験から言えば、保護者同士のつながりはあったほうがよいと思います。園に異変が起こったとき（不適切保育の発生、保育者の大量退職、経営難、公立園の民営化など）、父母会が事態の改善のために動いた例はいくつもあります。「園のこんなことがおかしい」というときにも、保護者同士で意見交換ができたり、父母会として園や行政に意見を伝えたりできることにはメリットがあります。

オンラインでいろいろな交流や活動ができる時代ですので、そんなツールもいかして、保護者同士のつながりをもってほしいと思います。

園によっては、園と父母会の共催行事が毎年大盛り上がりで、保護者もみんな楽しみにしているような活動もあります。父母会活動を面倒と思っていた人から、「参加してみたら楽しかった！」という感想を聞くことは多いのです。

とはいえ、悩ましい父母会活動があるのも事実です。もしも活動規模が大きすぎて多くの保護者にとって負担になっている場合には、身の丈に合ったものにダウンサイズすることも必要だと思います。役員選びが強引だったり、脱退した家庭に嫌がらせをしたりする父母会も問題があります。

園選びにおいては、父母会の存在をプラスと評価するのか、マイナスと評価するかは、その内容次第だと思います。「父母会＝負担」と決めつけず、在園者にも話を聞いてみるとよいと思います（156ページ コラム 参照）。

## ◆保護者は「お客様」ではない

最後に、園と保護者の関係について掘り下げて考えてみたいと思います。保育園を利用する保護者は保育園の「お客様」でしょうか。私は違うと思います。そのわけは、幼稚園や学校が保護者を「お客様」とよばない理由に近いものです。幼稚園や学校が保護者をお客様とよばないのは、教育が子どものためのサービスであって、保護者はそのサービスを子どもにとってよいものにするための協力者の立場にいるからです。

保育園・こども園においても、保育は子どものためのサービスです。認可か認可外か、公立か民間かにかかわらず、保育施設はどこでも、保育は子どものためのものだという視点をもつことが必要だと思います。この視点をもっていないと、子どもにとって質の高い保育はできないからです。

園は、保育の専門性をもって、子どもが必要とする環境を見定めそれを提供する立場にいます。そして、それを保護者に報告したり、保護者の意見を聞いたり、家庭でも補ってほしいことがあれば助言したりと、子育てをする家庭のパートナーとして保護者にかかわることが、社会的な役割として求められています。

それは、いわゆる商業的サービスの売り手と買い手の関係とは違うものです。その関係を理解しておかないと、保育を選ぶときにも、誤解にもとづいたものとなってしまうことがあります。

「私どもの園では、アレルギー対応をするのに医師の診断書とか面倒な手続きは不要です。お母様のご指示通りの対応をします」という説明をする保育園がありました。厚生労働省が出している「保育所におけるアレルギー対応ガイドライン」には、子ども本人のために望ましい対応ができるよう、保育園と保護者が医師の指導を受けながら除去食などのアレルギー対応をするように書かれているのですが、説明してくれた社員は「ガイドライン」の存在を知らないようでした。このように園の考え方が保護者サービスのほうにずれていると、子どもにとって不利益な結果を招いてしまうこともあります。

## ◆保育を選ぶ視点

園や保育者の保護者への姿勢や考え方も、入園後の園生活を左右するものです。

「保育園を考える親の会」には、ピンチのときに保育園が寄り添ってくれたと感謝する声が届きます。毎日、保育者とかわすさりげない会話にどんなに支えられてきたかとふり返る保護者もいます。その信頼感は、わが子が受けた保育に対するものであると同時に、保護者もまた受け入れられ応援されてきたという思いからのものでもあるのだろうと思います。

そんな信頼感がもてる園かどうかは、園のようすや園長や保育者の話し方からもわかることが多いと思います。とくにポイントとなるのは次のようなことです。

・さまざまな家庭の事情があることをふまえた話し方になっている。
・家庭の忙しさに配慮した話し方になっている。
・家庭と園の役割分担について、保護者の便利さばかりを強調せず、子どもにとっての必要性を含めた話し方ができる。
・園の発行物や掲示物などで、保育や子どものようすについて保護者にていねいに伝えている。

家庭と保育園で書き合う連絡ノートは重要なコミュニケーションツールですが、全年齢でつかうところと、3歳以上児からはなくなるところがあります。保育者の負担を軽減するためです。そんな園では、連絡ノートの代わりにどんな方法で子どもや保育のようすを保護者に伝えているか、個別の連絡をどのようにしているかを確認したほうがよいでしょう。最近は、スマホでいろいろな連絡ができるアプリも普及してきています。

コラム

## 父母会の存在意義ってなんだろう

入園前に父母会の意義を想像するのはむずかしいかもしれません。「保育園を考える親の会」会員メーリングリストに、新型コロナ感染症拡大のまっただ中の2020年、東京都N市の保護者の方から寄せられた意見を参考までにご紹介しましょう。

＊＊

何かあったときに横のつながりがもてることこそ、私は保護者会の本来の意味であると思っています。クラスの交流会で顔を合わせたり、役員会でほかの年齢のクラスの人と知り合ったりということだけでも十分です。ふだんから気軽に話し合える関係がないと、たとえば、今回の新型コロナ感染症拡大のような非常事態に直面したとき、「だれに何を相談すればよいの!?」と困ってしまうと思います。

私の園では、「楽しく団結しなければ意味がない」と、6年前の民営化を機にいろいろと変えてきました。活動に賛同いただける方のみ入会申し込み書と合わせて会費をお願いしていて、非会員だからといって不利益な扱いがないようにしています。1、2名程度の非会員希望者はいるものの、クラス交流会にもお誘いしていますし、園と共催のお祭りなども一緒に楽しむことができています。

今年はコロナ禍もあり、非会員希望者がふえるかと思いましたが、こういうときだからなのか、非会員ゼロでした。

新型コロナ感染拡大防止策に関してもそうですが、父母の意見をまとめて市に提出する活動も行っています。市の保育課の方々はいつも保護者に寄り添って一緒に考えてくれます。こんなことも、父母の自主組織の存在意義だと思います。

まずは、身近なところで同じ立場の親同士でつながる場として、父母会を続けていくことは大切だと思っています。一度なくしてしまったら、もどすことはできません。

8

# 「しつけ」が厳しいことはよいこと？

＊「しつけ」の拡大解釈に要注意
＊不適切保育は子どもの人権にかかわる問題
＊楽しい園生活で身につく生活習慣
＊家庭と園の連携も大切

## ◆「しつけ」という言葉の振れ幅は広い

「保護者の方に『もっとしつけをしてください』と言われることがあるんですよ」と、保育者が困り顔で話していたことがあります。

「しつけ」の意味をどうとらえるかは人によって違います。辞書などでは「子どもに決まりや慣習、礼儀作法を教え込むこと」というような説明がされています。どの程度のことを、どんな方法で、どんな年齢の子どもに教えることなのか、いかようにもとれる説明です。虐待してしまった親が「しつけのつもりだった」と言うことがありますが、子どもを一方的に厳しく叱りつけて服従させることを「しつけ」と考えている人もいます。

「しつけ」を「生活習慣や社会性を身につけること」という意味でつかうこともあります。この意味であれば、必要なことと考える人は多いと思います。小さいうちから日々の生活の中でよい習慣を身につけておけば、大きくなってからも無意識のうちに健康的な生活、社会性のあるふるまいができるようになると思われます。

冒頭の保護者の言葉の真意はわかりませんが、家で親の言うことを聞かない子どもに手を焼いて、園で厳しくしてもらえば子どもが従順になるのではないかと考えているのかもしれません。その気持ちはとてもよくわかります。何かにつけて「親のしつけがなってない」と言われてしまう社会ですから、保護者にかかるプレッシャーも強いと思います。でも、ここまで見てきたように、厳しく接して大人に従わせるというやり方で、子どもに育んでもらいたい力が育まれるかというと、大いに疑問です。

私がひとつ心配するのは、この言葉の意味の振れ幅が大きすぎることです。この言葉をつかって、異様に厳しい保育が黙認されることがあります。
ある園でこんなことがありました。中堅クラスの保育者でしたが、3歳児に対してトイレに行くことを決まった時間にしか許さず、もらしてしまった子どもをきつく叱る、指示に従わなかった子どもに給食を与えない、部屋から締め出すなどの罰を与えていたのです。これらは、「不適切保育」と言われるものです。* 保護者の一人がこの保育を問題にしたところ、クラスのほかの保護者から「先生は『しつけ』をしてくれている」と保育者を擁護する意見が出ました。しかしこれは、育児方針の違いですまされる問題ではありません。子どもたちは明らかに人格を傷つけられていました。大人たちが事実を把握し、子どもの人権侵害を防ぐ必要があります。子どもたちは傷つけられていることを自分で伝えられないからです。この保育者は現場をはずされましたが、被害を訴えた家庭も転園せざるをえなくなりました。

不適切保育は、「しつけ」とは区別し、指標をすべての園や保護者に知らせ、大人が責任をもって防止する体制をつくる必要があります。

## ◆よい習慣を身につける保育

「しつけ」を「生活習慣や社会性を身につけること」と考えたとき、実は、保育園・こ

＊子ども・子育て支援推進調査事業による「不適切な保育の未然防止及び発生時の対応についての手引（令和３年３月）」は、次のように定義している。①子ども一人一人の人格を尊重しない関わり、②物事を強要する関わり、脅迫的な言葉がけ、③罰を与える、乱暴な関わり、④子ども一人一人の育ちや家庭環境への配慮に欠ける関わり、⑤差別的な関わり。

ども園は大きな力をもっていると思います。

園では日々、健康的な生活リズムで生活していきます。保育者に助けられながら、身のまわりのことを自分でする生活習慣も身につけていきます。「おはよう」「いただきます」などのあいさつも飛びかっています。集団生活をする中で、成長に応じて、役割を果たしたり約束を守ったりすることもできるようになっていきます。先輩保護者から園の「しつけ」で子どもの生活習慣が身についたという話を聞いて、保育者が厳しく指導しているのだと思う人もいるかもしれませんが、実はそうではありません。それらのことは、大人に厳しく訓練されてではなく、子どもがみんなと楽しく生活しながら身につけているのです。

そしてそのように園生活で実現しているような「しつけ」は、核家族の家庭の環境ではなかなかまねできないことです。

保育園やこども園では「育ち合い」という言葉をよくつかいます。子どもは、ほかの子どもがするのを見て自分も同じようにやりたいと思ったり、周囲の反応を見て自分の行動の影響を感じたりして、自分なりに考え、試行錯誤しながら成長していきます。子どもの集団があるという園の環境ならではの育ちのプロセスです。もちろん、子どもが自分でしようとするのを辛抱強く待ち、さりげなく手助けをする保育者の援助もあります。

## ◆園と家庭の協力が必要

あるとき、私が「生活に必要なことは保育園で全部教えてもらった」と保護者が感謝していることを保育者に伝えると、「家庭の責任はどうなっているのか」と問われたことがありました。その通りです。「しつけ」が園任せでいいということはありません。でも、規模が小さくなっている家庭にはない環境が園にはあって、家庭はその助けを必要としていることは理解してほしいと思いました。同時に、家庭も園とともに「しつけ」を担う立場であることは心にとめる必要があるとも思います。

家庭では何ができるでしょう。

園で取り組んでいることに保護者が関心をもつだけでも、子どもの意欲が高まるのではないかと思います。これは生活習慣に限ったことではありません。園と保護者は、そんなところでも協力関係にあります。

連絡ノート、掲示物、クラスだよりなどを見ながら親子でおしゃべりしてみるのもいいでしょう。「ほいくえんでね……」と子どもが話しはじめたら、子どもの言葉を待って耳を傾けてみてください。

おいも

「そうなんだー。楽しかったね」
「そんなことできるんだ。すごいねー」
「がんばったね」
「おうちでもお願いしていいかな」

そんな保護者の言葉が、子どもを励まします。反対に、ほかの子どもとくらべたり、もっとがんばることを求めたりすると子どもは自信や意欲を失うことがあるので注意が必要です。

忙しい家庭では子どもとゆっくり話をする時間をとりづらいのですが、時間があるときに短い時間でもいいので向き合ってみれば新しい発見がいろいろあるはずです。

ときどき、着替えや食事などに関して、園ではできているのに家庭ではできないということがあって保護者が悩むことがあります。保育者に相談すると、「おうちでは甘えたいのだと思います」と言われたりします。子どもは、園という社会の中で自分なりにがんばっているということかもしれません。そんなとき、家庭では子どもの甘えを受け止めるのもよいと思います。やがて、家庭でもできるようになるでしょう。

## ◆保育を選ぶ視点

社会情動的スキルとして「やりぬく力」「自制心」などがあげられています。これを見て子どもをがまんできるように訓練したほうがいいと思う人もいるようです。しかし、子どもの行動を厳しく制約すれば「がまんする力」が育つというのは短絡的すぎます。大人から一方的に命令され従わされているような状態や、高圧的な大人の姿は、子どもを、自信をもつことや相手を尊重することから遠ざけます。大人が決めた結論に形だけ従わせることと、自ら判断して気持ちをコントロールすること（「情動の知性」を働かせること）の間には大きな隔たりがあると思います。

園選びでは、**「しつけ」を「生活習慣や社会性を身につけること」ととらえて、それが集団生活の中で楽しく身につけられるようになっているか**を見てほしいと思います。たとえば、生活習慣の習得にかかわる場面では、子どもが「自分でできた！」という喜びを感じられるように、**保育者が子どものやる気を尊重したり援助したりできているかどうかは重要です。**

また、社会性については、遊びの中で保育者や友だちとかかわることを通して育まれるものが基礎になります。子ども自身が主体的に園生活を送る中で、見通しを立てて行動することや、友だちと気持ちよく協力し合う方法を身につけていきます。この点は、4・5歳児の生活ぶりを見るとわかることがあります。園長や保育者に、**幼児クラスの生活習慣について質問してみる**のもよいと思います。

コラム

## 子どもの権利と「しつけ」

1989年に国連で採択され、1994年に日本も批准した「児童の権利に関する条約」(以下、子どもの権利条約)は、締約国が子どもの権利を保障するために行うべきことを広範囲に示しています。条約の19条には、親による虐待・放任・搾取から子どもを保護する締約国の責任が書かれていますが、家庭や学校などでの体罰等に関しては、条約策定時には十分に考えられていなかったため、さまざまな解釈が生まれていました。

2006年、この点を補足するため、子どもの権利委員会*は一般的意見8号において、この問題を取り上げました。その中で、体罰の定義と、子どもへの体罰等が子どもにどのように影響するかを明確にしています。以下に、「ARC　平野裕二の子どもの権利・国際情報サイト」による訳文を一部抜粋します。冒頭の数字はパラグラフ番号で、傍線は筆者によるものです。

11. 委員会は、「体」罰を、どんなに軽いものであっても、有形力が用いられ、かつ何らかの苦痛または不快感を引き起こすことを意図した罰と定義する。

46. （略）国は、親、養育者、教員および子ども・家族とともに働いている他のすべての者を対象として、積極的かつ非暴力的な関係および教育が絶えず促進されることを確保しなければならない。委員会は、条約において、子どもに対する体罰のみならず他のあらゆる残虐なまたは品位を傷つける罰の撤廃が要求されていることを、強調する。親が子どもとどのような関係を持ち、または子どもをどのように指導するべきかについてくわしく定めることは、条約の役割ではない。しかし条約は、家庭内における関係ならびに教員、養育者その他の者と子どもとの関係の指針となる諸原則の枠組みは提供している。子どもの発達上のニーズが尊重されなければならない。子どもは、おとなの言葉だけではなくおとなの行動からも学ぶ。子どもがもっとも緊密な関係を持っているおとなが、その子どもとの関係において暴力および屈辱を用いるとき、そのおとなは人権の軽視を実演するとともに、それが紛争を解決したり行動を変えたりするための正当な方法であるという、危険な教訓を与えている可能性があるのである。

＊子どもの権利委員会は、国連に設けられ、子どもの権利条約の締約国に条約の実現状況を報告させたり、条約の内容についての補足をするための意見表明などを行っている。

# 9 英語などの習い事はあったほうがいい？

＊実際の効果に疑問符
＊母語発達は学力の基礎
＊楽しめる遊びになっていることが重要
＊指導する人の資質次第という結論

## ◆園での習い事的な保育をどう考える？

各種調査を見ると、通信教育なども含めた幼児の習い事の利用率は、3歳児が3割程度、6歳児で8割程度にのぼります。調査によって結果は異なりますが、だいたいいちばん人気は水泳、そのほか、通信教育、英語、体操などがあがっています。ネット上には、さまざまな習い事の宣伝が並んでいるので、「わが子にも何かやらせなくていけないのでは」と思ってしまう人もいるようです。

そんな保護者の不安に応えて、体操や英語などの習い事的な保育（以下、習い事保育）を取り入れる園がふえています。そうした園では、主に3歳以上児を対象に、保育時間内に小一時間程度の「体操教室」などの時間を設けて指導しています。指導に当たるのは、保育者のほか、専門業者から派遣される講師、地域の人材など、園によってさまざまです。

子どもの主体性を尊重する保育方針から、あえて習い事保育は導入していない園もあります。特別な習い事の時間はなくても、子どもが体を動かしたくなる環境、さまざまな遊び（学び）の探求ができる環境を工夫して、子どもの好きなこと、やりたい気持ちを伸ばすという意味では、習い事を補ってあまりある保育を提供している園もあります。

園での習い事保育、どう考えればよいのでしょうか。体操などの運動指導と英語について考えてみます。

## ◆「特別な運動指導」の効果はいかに？

2008年に行われた幼児の運動に関する調査研究が保育園や幼稚園を驚かせました。

鹿屋体育大学を中心とした研究チームが幼稚園・保育園の園児を横断的に調査し、「特別な運動指導を多く行っている園ほど子どもの運動能力が低い」という結果を発表したのです。この調査は2016年にも行われ、同じような傾向が明らかになっています。

2016年の調査では、4～6歳の7688人の園児を対象として行われました（幼稚園4473人、認可保育園1626人、認定こども園1589人）。

園に対して「保育時間内に特別に時間を設けて運動指導を行っているかどうか」をたずねて、「まったく行っていない」「月に1回～3回」「月に4回以上」の3つに分けて子どもの運動能力検査の結果との関係を見たところ、「まったく行っていない」園の子どもの運動能力は「月に1回～3回」「月に4回以上」にくらべて明らかに高く、次に「月に4回以上」の園の子どもは「月に1回～3回」よりもやや高いという結果になりました。

また、運動指導を行っている人による違いを調べると、「保育者（主にクラス担任）」「園専任の運動指導者」「外部の運動指導者」の順に運動能力検査の結果が高い傾向を示しました。

これは統計の結果なので、個別に見れば運動指導を行っている園の園児がよい結果を出している場合もあるでしょう。しかし、この調査結果からは、園が体操教室を取り入れているからといって、子どもの運動能力が高くなるとは限らないということがわかります。

この研究会メンバーによる別の調査（幼稚園）では、外部の運動指導者が行う指導には、学校の体育の種目にそったものが多く、全体的に子どもの活動に対する選択の自由度が低くバリエーションも少ないことや、どの子どもにも画一的に一様の指導が行われる傾向があったことなどを指摘しています。ここから、なぜ特別な運動指導の成果が上がりにくいのかという原因を推し量ることができます。

保育園をたずねて子どもたちの自由遊びを見ていると、本当によく体を動かしています。保育者や友だちとおいかけっこをしたり、バケツに水や砂を入れて運んだり、遊具などに登ったり降りたり、ボールを投げたり蹴ったり、自由な遊びの中には多様な体の動きが含まれています。この時期の子どもが外遊び大好きで「じっとしていない」のは、体を動かしながら無意識に運動神経や筋肉を鍛えているためではないでしょうか。こうした活動をしながら、子どもはそれぞれのペースで発達のステップを一歩一歩踏みしめていくのだと思います。

ある園で、鉄棒の初歩的な練習を見たことがありました。子どもたちは行儀よく並んで自分の順番を待ち、一人ずつ走ってきて鉄棒にぶら下がって揺れるという簡単な練習でした。外部から派遣されてきた指導者が鉄棒の握り方などを指導していました。このときの子ども一人一人の運動量の少なさや、運動の種類の少なさを考えると、同じ時間、自由に遊んでいたほうが、子どもはもっと多様で活発な運動ができたのではないかと思いました。

さきほど紹介した幼稚園の調査は、結論として、「（幼稚園では）さまざまな遊びを通して多様な動きを獲得したりその動きを洗練させることが望まれる。保育者にとって必要なのは、高い運動技能を有することではなく、幼児の運動発達の特徴を十分理解し動きたくなるような環境を構成していくことである」と述べ、また、外部の指導者を導入する場合は「すべてを一任してしまうのではなく、遊びを通しての指導であることをふまえ担任と協同して行っていくべき」と指摘しています。

## ◆英語保育で英語力は育つのか？

２０２０年度から、小学校３・４年生で外国語活動（週１コマ程度）、５・６年生で教科としての外国語（週２コマ程度）の授業が導入されています。これを受けて、「幼児期から英語教育を！」という広告をよく目にするようになりました。

保育園やこども園、幼稚園で英語を教えることをどう考えるかについては、たくさんの議論があります。母語（幼児期から自然に獲得する言語）の獲得や向上の邪魔になるのではないかという指摘もあります。私は、程度によるのではないかと思います。

英語を取り入れている園では、多くの場合、外国人の先生を招いて子どもたちがネイティブの英語にふれられるようにしています。内容としては、英語の絵本を読んだり歌を歌ったり絵カードのゲームなどで多少の単語を覚えたりする活動を、年中・年長児の活動に月1〜4回取り入れるというようなものです。「英語遊び」とよんでいる園もあります。

もちろん、このような「英語遊び」をときどきしたからといって、将来つかえる英語力が身につくということはありません。ネイティブの先生が楽しい人で、英語に興味がわいた。英語の歌が歌えるようになった。絵本を指差して「あぽー」「おーれんじ」と言えるようになった。それが楽しい思い出になった。そのおかげで小学校3年生で外国語活動がはじまったとき入っていきやすかった――たぶん、そのあたりが期待できる現実的な到達点ではないでしょうか。園や保護者がそんな認識をもって子どもの遊びの延長線上で行うのであれば、「英語遊び」が母語獲得・向上の邪魔になることはないと思います。

私が心配するのは、「毎日英語をシャワーのように浴びていればバイリンガルになれる」という考え方のもとでつくられる環境です。

私たち自身、日本語をシャワーのように浴びながら日本語を覚えてきました。海外で生活する子どもたちは苦労しないでその国の言葉を身につけているように見えます。だから、子どもに英語を聞かせ続ければ、自然に英語を覚えられるのではないかと考えがちです。

でも、それはどういう生活でしょうか。自然に英語を覚えるほど英語のシャワーを浴びるためには、生活の中で英語がつかわれていなければなりません。家庭で日本語しかつかわない場合、シャワー状態を実現するのはかなり困難です。英語だけで保育するという認可外保育施設も見かけますが、長時間そこで過ごすのであれば、子どもがどんなふうに暮らしているのかが気になります。ケアする大人とのかかわり、子ども同士のかかわりの中で人格を育んでいく時期だからです。短時間であれば、ネガティブな影響はないかもしれませんが、英語のシャワー状態にはならないので英語圏で生活しているような効果は期待できないでしょう。

シャワー効果について考える場合、多くの専門家が海外で子育てをしている親に対して「母語をしっかり育むように」とアドバイスをしていることにも注目したほうがよいと思います。母語は思考につかわれる言語です。幼児期は母語の中で生活することで、つかえる語彙や表現をふやしていき、学校に入るころには文法が身につきます。考える力や表現する力の育ちは思考言語である母語の習熟度に大きく左右されるので、幼児期にまず母語をしっかり確立することが子どもの学校での勉強を助けることになると言います。

もちろん生まれたときから多言語環境で育ち、多言語を駆使して学問を追求している人もいます。そんな人たちはどういう順番で言語を身につけ、思考言語はひとつなのか複数なのか、私たちにはわかりません。いずれにしても考える力や表現する力は思考言語の習熟度に影響を受けるので、「どちらも中途半端にならないようにしなさい」と専門家や経験者はアドバイスしています。

ちなみに、幼児期を英語圏で過ごした帰国子女も、帰国して英語をつかわないで生活していると、半年くらいで英語を忘れるそうです。言語はつかい続けないと、その力を保持できないのです。

深入りしすぎてしまいましたが、ここまで考えると、「幼児期からの英語シャワー」もほどほどに考えたほうがよさそうです。0歳のときから一日中英語の音声教材を聞かせ続けていたら一時的に失語症になってしまったという例もあります。子どもの言葉の獲得はだれかに何かを伝えたいと願うところからはじまるのだと思います。

## ◆保育を選ぶ視点

園選びにおいては2つのことを強調しておきたいと思います。

ひとつは、**「習い事が必要」と思い込まないこと**。習い事がなくても本体の保育が充実していれば、子どもは必要な力を身につけていけるということ。
もうひとつは、習い事保育を取り入れている園を検討するときは、**どんなやり方でどんな人が教えてくれるのかを見ること。**

私は、園で習い事保育が行われているところを何回か見ましたが、いろんな感想をもちました。子どもの心を引きつけるような楽しい遊びになっていればよいのですが、ただ並ばせて指示通りに何かをさせるようなものを見ると、子どももつまらなそうで、あまり意味がないのではないかと思いました。さらに、その内容が子どもの発達に合っていなかったり、子どもが言う通りにしないと怒る指導者だったりした場合は、やらないほうがいいと思いました。

習い事保育が子どもの発達に合っているかどうかの判断はむずかしいと思いますが、英語を0・1歳からというのは、多くの人が首を傾げると思います。1歳児クラスの担任が、英語の時間に子どもたちの気が散ってしまうので講師に申しわけなく感じていると話しているのを聞いたことがありますが、そんなたいくつな時間になってしまっていること自体が、子どもに対して申しわけないのではないかと思いました。

園の保育に習い事的な内容を取り入れるのであれば、**それが楽しい遊びとして成立して**

いることが必要です。楽しい活動にできるかどうか、子どもを尊重して取り組めるかどうか、つまるところ、**指導する人の資質次第**だろうと思います。運動指導に関する研究結果として、外部の指導者よりも保育者が指導している園のほうが運動能力が高かったという話を紹介しましたが、このことを裏づけていると思います。

コラム

## 小学校の英語教育を体験して

もう大昔になりますが、私は英語教育を行う私立小学校に通っていました。くわしい内容は忘れてしまいましたが、特殊な教室でテープレコーダーを一人一台つかい、ヘッドホンから聞こえてくるネイティブの英語を復唱するような授業だったと思います。最初は機械の操作がおもしろくてワクワクしていましたが、そのうち、一人一人区切られた無機質な空間に飽き飽きしていた記憶があります。

同系列の中学に進学すると、学習指導要領にそった英語の授業がはじまりました。最初の1、2回の試験では内部進学組がよい成績をとりましたが、1年もたたないうちに受験で入学してきた友だちが成績優秀者に名前を連ねるようになりました。内部進学組は小学校から英語教育を受けてはいましたが、試験で上位の成績をとるわけでもなく、英会話やリスニングなら得意というわけでもなく、英語が大好きという人も見かけませんでした。みんな自分と英語の関係がわからないまま、小学校の英語教育を受けていたのだと思います。

今、周囲の外国語をつかいこなしている人たちを見ると、大人になってから必要に迫られたり好きなことを追求したりする中で本格的に身につけたという人が少なくありません。外国語を実用化するには必要性という負荷が必要なのでしょう。そのとき、学校で基礎を学んでいることももちろん役立ちますが、思い切ってチャレンジする自信、興味があることを追っていく探究心、人とコミュニケーションをとろうとする意欲などが大きな力になることはまちがいありません。

身につけたいものには人によって「旬」の時期があるのだと思います。英語を早くから身につけさせようとあせるあまり、子どもを「英語嫌い」にしてしまわないように気をつけることが必要です。

# ⑩ 安全・衛生面は厳密なほどいい？

＊監査の結果も参照しよう
＊ＳＩＤＳや窒息の予防策は必須
＊見学時に不安を感じたら質問しよう
＊安全・衛生管理と遊びのバランスも大切

## ◆安全・衛生に関する決まりごと

認可の保育施設には、「保育所保育指針」などのほかにも、国や自治体によるさまざまなガイドライン類があって、安全、衛生、保健などについても指標が示されています。また、それらの指標から見て不十分な状態になっている施設に対しては、都道府県などによる指導監査で指導されることになっています。

　監査では、施設基準の遵守状況や安全・衛生管理状況なども確認されます。調理室が清潔に保たれているかどうかだけでなく、食中毒等を防止するための調理員の検便実施（月1回）も確認されます。地震や火災にそなえた避難訓練も月1回行われていなければ文書指導されます。施設面では、二方向避難（施設の外に逃げる出口が2つ以上あること）が求められ、保育室が2階以上にある場合には、屋外階段など（条件を満たすその他の設備も含む）も必要です。これは、火災時に煙に巻かれないで逃げるために必要な設備です。

　こういったことは監査で確認されているのですが、結果を公表していない自治体が多いのも実情です。なお、東京都は「こぽる」というサイトで監査結果が見られるようになっているので、参考にするとよいでしょう。＊

＊ただし、東京都は管内の施設が非常に多いため、本来1年に1回行うべき指導監査が数年に1回になっている。

## ◆「うつぶせ寝」のリスク

　**part 1**でもふれましたが、保育施設の安全意識を確認する指標として、SIDS《シズ》（乳幼児突然死症候群）対策を行っているかどうかは要チェックです。
　SIDSは、元気だった赤ちゃんが突然亡くなる原因不明の病死とされています。主に0歳児に発症するものとされますが、1歳以上でもSIDSと診断される例があります。

脳機能や呼吸器の未熟さが原因ではないかと言われていますが、定かではありません。窒息死との区別が明確ではなく、とくに保育施設での死亡事故では曖昧になりがちです。どちらにしても、「うつぶせ寝」の状態で起こりやすいため、国もＳＩＤＳ予防策として「うつぶせ寝をさせないで」と、家庭や施設に警鐘を鳴らしています。

園や保育者がまずＳＩＤＳについて知っていることが必要です。実際の対策としては、午睡のとき「うつぶせ寝」をさせない。「うつぶせ」になってしまったときは仰向けにさせる、５～10分おきに呼吸や顔色の確認をする、などがあげられます。これらの対策を知らない園があったら、安全意識が低いと言わざるをえません。

## ◆命がけの食事？

保育施設での過去の死亡事故は、主に睡眠中、水遊び中、食事中などに起こっています。食事中の事故は、食べ物をのどにつめてしまうこと（誤嚥）による窒息死がほとんどです。０・１歳児は「命がけで食事をする」とも言われます。離乳食が完了期になって固形物を食べられるようになっても、咀嚼や飲み込む力が弱いので気をつけなくてはなりません。

認可保育園でも、保育者が目を離している間に、１歳児がおやつを一気に口に入れてしまい窒息してしまうという事故が起こっています。やはり１歳児が、保育者からりんごとハンバーグを口に入れられ、嫌がって泣いて窒息死するという事故も起こりました。後者の園では、「給食を時間内に完食する」という暗黙のルールがありました。りんごが嫌いな子どもに食べさせようとしてハンバーグと一緒に口に入れたのだそうです。無理に食べさせようとすること自体が人権侵害ですが、食事リスクについて認識していなかった園の責任は大きいと言えます。

保護者は連絡ノートに「完食しました！」と書いてあればうれしいものですが、無理強いしてまで食べさせてほしいとは思っていません。「完食ルール」をやっている園があったら、見直しが必要だと思います。

保育園・こども園での食事の提供は、一人一人の子どもの成長発達に合わせた対応（食材選択・調理・食べさせ方）が必要です。見学で離乳食をどんなふうに進めているか聞いてみると、園の考え方がわかるでしょう。

## ◆感染症予防対策は？

どこの園でも、保育室内の消毒、おもちゃの消毒などには気をつかっているはずです。新型コロナ感染症の拡大により、衛生管理は一層ていねいに行われるようになりました。子どもたちの手洗いやうがいも指導しています。手洗い場の手ふきや食事のときのおしぼりを共用にしている園はほとんど見ませんが、もしもあれば、衛生意識に問題があります。

厚生労働省が通知している「保育所における感染症対策ガイドライン」には、衛生管理についても細かく示されています。また、認可保育園で感染症が発生したときの対応は、感染症ごとに登園停止期間などのルールが決められています。＊入園のときに配布される園のしおりにくわしく記されているはずです。

新型コロナ感染症の拡大期には休園や登園自粛要請などもありましたが、保護者にとってはたいへんなことでした。感染防止しつつ保育を継続するためには、園と保護者が協力して園にウイルスを持ち込まないように努めることも重要です。そのためには、保護者にも、子どもの体調が悪いときは無理して登園させない、感染が判明したときはすぐに知らせるなどの協力が求められます。

園生活では、「ソーシャルディスタンス」（感染防止のための人同士の距離）をとることはむずかしいと感じます。子ども同士が体を寄せ合って遊んだり、おもちゃを一緒につかったりすることを止めることはできないからです。子どもを個別に隔離するような保育は園ではできないのです。その点を理解した上で、園の衛生管理を見る必要があります。

＊学校の学校保健安全法関係法令に準拠している。

## ◆安全管理と遊びの保障のバランス

⑤でもふれましたが、保育室を見たとき、保育室に物が高く積み上がっている、大きな家具の転倒防止がされていない、避難路になる通路に物が置かれているといったことがある場合には、園の安全意識が問われます。また、保育者の人数が不十分だったり、子どもの人数が多すぎたりすることも事故の遠因になることがあります。保育者の「ゆとり」も、安全を確保するための大事な要素です。

重大事故は、絶対に防がなくてはならないものです。一方で、子どもは自由に活動する中で小さなケガをしながら自分を守る力を身につけていく面もあります。擦り傷ひとつも負わせないようにしようと思うと、それこそ、子どもの遊びも禁じなくてはならず、心身の発達を支えることができなくなります。実は、安全管理と遊びの保障のバランスの判断はむずかしく、常に保育者を悩ませる問題です。

子どもが自由に遊ぶ環境では、ひっかき、かみつき、転倒、衝突などで小さなケガが発生してしまうことはめずらしいことではありません。多くの園で「ヒヤリハット」（事故につながったかもしれない事例を書きとめて互いに確認するもの）をつくったり、保育室や園庭の環境、遊具のつかい方などについて議論や確認を重ねたりして、基本的な安全対策を行っています。

ちなみに、かみつきは、まだ言葉で主張できない時期の０・１歳児の間で流行してしまうことがあります。園としては防止に努めていますが、しばしば保護者の不信感や保護者同士のもめごとの原因になっています。０・１歳児の場合、かみついてしまう子どもに悪意はないこと、かみつかれた子どもが翌日にはお友だちをかんでしまう場合もあることなどを考えると、保護者が「お互いさま」と考えることも必要ではないかと思います。

ある園の園庭に小さな山があって、子どもが登れるようになっていました。大きなケガが起こったことはないということでしたが、登る道は山道のようにでこぼこしていて、歩くと足首がくねくね曲がります。登りながらふと「道がでこぼこでも、足首がやわらかく動くから、バランスを崩さずに登れるんだ」と気がつきました。この山に登って遊ぶ子どもたちは、足首やバランス感覚を鍛えていることでしょう。「でこぼこ→転ぶ→平たくする」ではなくて、「でこぼこ→歩く→転ばなくなる」という考え方も必要ということです。もちろん、遊びのルールや保育者の見守りがあってこそ、実現する環境です。

木登りできる木や、アスレチック遊具などがある園もあります。ある保育者は、「登るのを助けたりはしません。自分で登れる力がないと、上に上がったときに危険だからです」と説明してくれました。一人一人の発達や心身の状態を把握して安全を見きわめる目も保育の専門性のひとつです。

## ◆保育を選ぶ視点

園の安全・衛生について、ルールや事例を紹介しながら園選びで気をつけたいことをあげてみました。これらのことは、園のしおりを見たり見学時に目で確認したり案内者に質問をしたりすることでも確認できます。

**保育室や園庭を見て不安に思うことがあれば、遠慮なく質問してみましょう。**事故を経験している園、自治体から指導を受けた経歴のある園に対しては、再発防止策や改善のために行っていることを聞いておきましょう。

遊びの保障と安全・衛生への考え方も園によって違いがあります。安全・衛生管理を徹底している園で、子どもの行動を制約しすぎていたり、遊びが乏しくなっていたりする場合があります。**安全・衛生管理と子どもの遊びの保障のバランスについてどう考えているか**について、園長や保育者の話が納得できるかどうかも、園選びのポイントになるでしょう。

家庭の中でも、「小さなケガをしながら育つ」ということをどう考えるか、話し合っておくとよいと思います。

## コラム 「慣らし保育」の進め方

入園直後、園生活に慣れるために短時間の保育からはじめ、徐々に時間を延ばす保育を「慣らし保育」と言います。子どもを「慣らす（馴らす）」という言い方は子どもに失礼だという意見もあり、「慣れ保育」とよび替える園も多くなっています。

この制度、以前は会社員の親にとっては困った制度でした。というのも、保育は勤務開始後からしか実施しないという厳密な規定があったため、保護者は育児休業からの復職後にいきなり何日も会社を休まなければならなかったからです。現在は、多くの自治体で入園月の月末（あるいは翌月末）までに勤務開始すればよいことになっているので、入園後「慣らし保育」を終えてから職場復職できるようになりました。ただし、転園の場合には、勤務継続中に「慣らし保育」になってしまうので、園に慣らし保育の期間をなるべく短くしてくれるようにお願いする保護者もいます。

「慣らし保育」の進め方は園によってさまざまですが、たとえば、最初は1時間、次は午前中まで、次は給食も食べる、さらに次はお昼寝もする、という具合にステップを踏みながら進みます。親子登園からはじめる園もあります。期間は、3日から2週間くらいまでと幅があり、子どもや家庭の状況を見ながら調整されています。

「慣らし保育」には、子どもが園に慣れることはもちろん、親も園に慣れる意味があると言われています。仕事がはじまると、心の余裕がなくなってしまう人も多いからです。まずは、親も園に通う生活に少し慣れ、保育者との信頼関係が築かれはじめている状態で職場復帰したほうが、無理がありません。

もうひとつ、深刻な情報もあります。保育施設での死亡事故は、0・1歳児の預けはじめの時期の睡眠中に起こることが多いのです。子どもの年齢が低い場合には、なるべく慣らし保育を省略せず、親子で徐々に心と体を慣らし、納得して園生活をスタートさせることが望ましいと思います。

# 11 園庭はなくてもいいか？

＊東京都の都心部では園庭なしが多数派
＊外遊びが確保できているかどうか確認
＊夏の水遊び・周辺の公園もチェックしよう
＊園と地域の関係も保育に影響する

## ◆都心区では「園庭なし」が多数派

待機児童対策のために急激に保育園をふやしてきた東京都の都心区では、認可保育園をビルの中などにつくることが当たり前になり、園庭をもたない認可保育園が多数派になるという現象が起こっています。

認可保育園の基準としては、2歳以上児1人当たり3・3平方メートル以上の園庭（屋外遊戯場）を設けなくてはならないのですが、近くの公園などを代わりにつかえる場合には、自前の園庭がなくても認可されることになっています。2001年に待機児童対策を推し進めるために「園庭を近くの公園等で代替してもよい」という通知が全国に出されてから、「公園代替」園が徐々にふえてきました。今では、新設園のほとんどに園庭がないという自治体も都内では少なくありません。

一方、東京都でも郊外の市や都市部以外の地域では、歴史の古い園が多く、また新設する場合も社会福祉法人による設置が多いため、園庭があるのが普通になっています。社会福祉法人には施設整備費の補助が出るため、園庭つきの整備がしやすいという事情もあります。*

＊施設整備費が出るかわりに、社会福祉法人が認可保育園を廃業する場合には、土地や建物を国庫に返上しなければならないというしばりも設けられている。

## ◆園庭があればよいというわけではないが

保育において戸外遊びは必須メニューです。幼児期の子どもには、毎日体を思いっきり動かしたり自然にふれたりする体験が必要だからです。幼稚園の基準では、園庭は必ず設けることになっています。幼児教育のための設備として必須と考えられているのです。

では、園庭がない園では十分な保育が行われていないのかというと、そんなことはありません。園庭がなくても、毎日お散歩に行って豊かな戸外遊びをしている園もあります。また、自前の園庭はないけれど、目の前に大きな都市公園があって、遊びの環境に恵まれている園もあります。反対に、広い園庭があるのに、子どもを並ばせてばかりいて自由遊びが少ない園を見ると、「宝のもちぐされ」だと思います。

ただし、自前の園庭には公園にないメリットもあります。いつでも出たいときに出られるのは何より助かります。砂場遊び、どろんこ遊びも豪快にできます。園庭で野菜を育てている園もあります。夏はプールを設置することもできます。保育室から見える園庭の自然やほかの子どもが遊ぶ姿は、室内にいる子どもたちにもたくさんの学びをもたらします。

## ◆保育を選ぶ視点

園選びをするときは、子どもがまだ小さいので、清潔な保育室があれば十分に思えるのですが、子どもが成長しよく動きまわるようになると、園庭がないことが気になってきます。転園（認可外・認可を含め）の理由を調査したある自治体のアンケートでは、さまざまな理由の中で「園庭がない、せまい」を選んだ人がもっとも多くなりました。

私は、自治体はなるべく園庭つきで保育園を整備してほしいと意見を述べてきましたが、待機児童対策を急ぐためにビルなどを活用しなければならなかった状況も理解しています。

こうしてふえた園庭がない園では、戸外遊びを補う保育者の努力が必要になります。園選びでは、そこがポイントになります。

**園庭のない園を検討する場合は、毎日散歩に出ているかどうか、夏の水遊びはどうしているかなどを確認しましょう。園の周囲の環境も重要**です。東京都内は大きな都市公園があったり、児童公園の数が多かったりして、ひとつの園が活用できる公園が複数ある場合が多いでしょう。よく利用する公園を聞いて、その公園も見に行くとよいと思います。

ある都内の児童公園では、小1時間の間に入れ替わり立ち替わり7〜8園が散歩にきていました。花壇と鉄棒と小さなすべり台があるだけの狭い公園でしたので、3グループも入れば満員です。保育者は、他園の子どもと混じり合わないように子どもを集めて「今日はすべり台だけね」などと声をかけていました。子どもたちは、地面に絵を描いたりしてすべり台の順番がくるのを待って過ごしていました。新たにやってきたグループは、公園内のグループの帽子の色を見て「みんな帽子を裏返して！」と違う色にしていました。公園を見ただけであきらめてもどっていくグループもありました。

そんな公園しか近くにないのでは、心もとないと思います。

最近は、園庭があるのに周囲の住宅からの苦情でつかえなくなったという話も聞きます。

子どもの声を騒音ととらえることについての議論、過密な街づくりについての議論など考えるべきことはいろいろありますが、とにかく地域には保育園をあたたかい目で見守ってほしいと願います。最初は建設に反対されたけれども、地域に信頼してもらえるように園が親睦に努め、時間とともに受け入れられるようになったというケースも聞きます。

園と地域との関係も、保育に大きな影響をおよぼすものです。地域とよい関係を築けている園には、良心的な経営者、園長が多いように思います。

東京都心区では認可保育園のうち園庭を保有する園が2～3割しかなく、園庭の有無で園を選ぶことはできない状況です。園選びで園庭を重視するのであれば、住む場所から考える必要があると思います。

コラム

## 園庭遊びや散歩を保育にいかす

自前の園庭があることのメリットは大きいものです。たとえば、

・安全なので、遊びへの制約を少なくできる。
・いつでも気軽に戸外に出られる。
・自前の砂場を活用して、水をまいたり、安全にダイナミックに遊べる。
・築山をつくったり、古タイヤやダンボールなどオリジナルの素材を持ち込んだり、いろんな遊具をそろえたりと、遊びの環境を工夫できる。
・栽培活動や飼育活動の範囲が広がる。
・窓からの景色に広がりができる。保育室からほかの子どもの遊びを眺めるのも楽しい。

また、園庭があっても、公園への散歩にも出かける園は多いはずです。園庭が過密になると事故が起こりやすいので、クラスごとに交代で散歩に出かけて人数を分散させている場合もあります。あるいは、園庭にはない魅力を公園に求める場合もあります。公園は、大きな木々、昆虫や鳥などの自然環境に恵まれていたり、園庭とは違う遊具があったりします。

また、街中を歩けば、地域の人と交流したり、お店屋さん、交番、消防署などで大人が働く姿を見たりすることもできます。

園内の掲示板に、手づくりの公園マップをはり出して、どんな楽しみがあるかを解説している園もありました。子どもの体験が少しでも豊かになるように、保育者がいつも考えてくれていることがわかります。

## ⑫ 食事の内容やアレルギー対応をどう見るか？

＊食は保育の重要な一部分
＊園の考え方が映し出される給食
＊延長時間帯のシステムも要チェック
＊アレルギーなど個別対応は遠慮せず質問しよう

### ◆保育園の必須メニューとなった「食育」

保育園には、必ず調理室を設けることになっています。おかげで、毎日、園内で調理されたできたての食事が子どもたちに提供されています。

このような環境をいかして、認可保育園では「食育」が必須メニューとなっています。

2004年に厚生労働省から通知された「楽しく食べる子どもに～保育所における食育に関する指針～」は、食育の目標として、次の「5つの子ども像」をあげています。

① おなかが空くリズムの持てる子ども
② 食べたいもの、好きなものが増える子ども
③ 一緒に食べたい人がいる子ども
④ 食事作り、準備に関わる子ども
⑤ 食べ物を話題にする子ども

これを見ると、食育は単に、食事に関する生活習慣を身につけるだけではなく、食事を楽しむこと、食材について知識をもつこと、食事づくりに興味をもつことなどもめざしていることがわかります。

現在、多くの園で「食育計画」を立てて、子どもの発達に応じた食育を行っています。日常的には友だちと一緒に食事を楽しめるようになっていることがまず大事ですが、加えて栄養士が食材や栄養について話をしたり、園庭やプランターなどで野菜の栽培や収穫を行ったり、クッキング保育を取り入れたりなどの取り組みが行われています。

## ◆給食の体制や内容

認可保育園の基準には調理員の配置人数が決められていますが、外部事業者の派遣（調理委託）にすることも認められています。２０１９年に発表された「保育所等の運営実態に関する調査結果〈速報〉」では、調理委託を導入している園は、認可保育園で10・4％、認定こども園で17・1％でした。調理委託をする理由として、自力でよい調理員人材が確保できないことをあげる園が多いようです。調理委託の場合、園が直接雇用しない派遣調理員が調理するのですが、その人が定着して勤務できているか、保育者とチームワークがとれているか、などがチェックポイントになります。

３歳以上児については、基準上、外部で調理した食事を搬入することも認められています。しかし、認可保育園で実際に外部搬入しているところはほとんどありません。外部搬入になって園の調理機能が失われてしまうと、子どもの発達に応じた食事の提供がむずかしくなります。また、食材の仕入れや調理過程が見えなくなるなど、質の面の不安が大きくなるのではないかと思います。

食事づくりへのこだわり方は、園によって違いがあります。乳幼児期は味覚が形成される時期なので、素材から手づくりし薄味を基本にしている園が多いと思いますが、その程度はいろいろです。「本物の味を覚えてもらうために、だしはかつおと昆布から取っています！」という園、家庭で和食が減っているからと魚などをつかう和食メニューを多くしているという園もあって、子どもや家庭への配慮の深さに頭が下がります。

調理体制、食育の取り組みや食事づくりへのこだわりなどは、それぞれの園の保育への考え方を反映しています。

## ◆夕食の提供

以前から延長保育を行う園ではおやつ程度の補食を提供していましたが、都市部で午後8時、10時までの長時間延長保育が行われるようになると、夕食の提供がはじまりました。夕食は1回分の食事の分量で提供されます。多くの場合、夕食は希望者のみ1回いくらの実費負担で提供されています。少し遅いお迎えでも、家で食事をしたい場合は補食を希望することもできます。「7時までの延長を利用する場合は補食、それ以降の延長は夕食」というように時間で区分している園もあります。

延長保育を利用する予定の場合は、補食・夕食のシステムがどうなっているかもチェックポイントになります。

## ◆アレルギー対応

子どもにアルレギーがある場合には、園の姿勢が重要になります。

認可保育園では、厚生労働省が作成した「保育所におけるアレルギー対応ガイドライン」にそった対応が行われるのが普通です。前にも少し紹介したように、かかりつけ医の診断をもとに、家庭と園が相談しながら除去食・代替食などの対応を進めます。除去する食材が非常に多い場合は、園での対応がむずかしいということで家庭から弁当を持参するように求められる場合もあります。

適切な対応を行っている現場では、除去食の取り違えがないように、保育者と調理担当者が読み合わせ確認を行う、トレーの色を変えて名前カードをのせるなど、二重三重の確認が行われています。

アナフィラキシーショックが起こったときのためのエピペンを処方されている場合は、園でもエピペンを預かってくれる場合があります。

このほか、宗教上の禁忌食に対応してくれる園もふえています。ただし、ガイドラインがあるアレルギー対応と違い、宗教上の禁忌食は認可保育園でも対応を断られたという話も聞きます。

アレルギー対応や禁忌食対応は、調理室の設備や人員にゆとりが必要なため、認可外保育施設は認可よりも対応が遅れる傾向があります。私が受けた相談の中には、認可外保育施設で、園でのアレルギー対応も家庭からの弁当持参も拒否されて、退園せざるをえなくなったという話もありました。

## 保育を選ぶ視点

アレルギー対応など、とくに配慮してほしいことがある場合には、入園を申し込む前によく確認したほうがよいでしょう。園で食事が食べられないということになると、退園せざるをえなくなってしまいます。

園選びでは、保育本体のあり方がとても重要なので、給食の質まで見ている余裕はないかもしれません。それでも、給食にこだわりのある園は、保育にも一本芯が通っているところが多いと感じています。どこの園でも毎月、献立表を作成しているので見学のときももらっておくとよいでしょう。また、**園長や保育者に給食についての方針を聞いてみる**のもよいでしょう。

そのとき、**子どもの食べる楽しみを大切にしているかどうか**も重要なポイントだと思います。お行儀や完食が厳しく指導されていてお通夜のようになっている食事風景を見たことがありますが、そんな園は食事だけでなく園生活全体が活気のないものになっている可能性があります。

## コラム　保育園給食のここがうれしい

ここで、「保育園を考える親の会」の会員がメーリングリストで交換した保育園給食のいい話をご紹介しましょう。

＊　＊

「息子は3歳半ですが野菜嫌いで偏食がひどく、朝ご飯はふりかけご飯と豆腐とフルグラ少々、晩ご飯はご飯と豆乳かヨーグルト、気に入るメニューがあれば食べるという残念な状態です。園では全部食べるとは限らないものの、野菜もおかずもパクパク食べるので保育園の昼ご飯さまさまです。お迎えのときにメニューが掲示されているのを見ますが、手づくりでおいしそうなメニュー、もちろん毎日違うメニューで、いつもおいしそうだなと思いながら見ています。追加料金を払って家庭の夕食用にこのメニューをつくってくれるなら、喜んで払います（笑）」

「娘の通う園では、園庭で野菜を育てています。トマト、ピーマン、きゅうり、なす。一般的なものですが、自分たちで種まきしたり苗を植えたりして、そのお世話をして、収穫して、調理さんと一緒に料理をして、給食で食べます。葉っぱの形、においからどんな野菜になるんだろうという話もしているようで、家で食事をしながらいろいろと教えてくれます。自分たちで育てたものなので、嫌いでもみんな一口、二口は食べてみたり、それで食べられるようになる子も出てきています。うちの子も、これで嫌いなトマトとなすが食べられるようになりました」

「給食や食育に期待することは、『みんなで食べるご飯って楽しいね♪　おいしいね♪』を味わえる時間であることとです。子どもたちがお世話になっている園では、2歳児クラスから給食の配膳に際して、『いっぱいにする?　ちょっとにする?』と自分が食べたい量を自己申告するシステムです。3・4・5歳児クラスも同じで『いっぱい、ちょっと』システムは続きます。苦手な野菜が出たときの『ちょっと』具合をはじめて見たときは衝撃でした。本当に！　かなーり!!ちょっとなんです(笑)。大人の一口にも満たないくらい。でも、自分で申告した量なので無理強いはされていないことと、『自分の希望を聞いてもらった↓食べられた！』の達成感も大きいのか、とっても楽しそうに給食を食べています。給食を食べる場所も毎回自由で、だれのお隣で食べるかも子どもたちは楽しんでいるようです」

# おわりに

乳幼児期は子どもの心や体のもっとも基本的な部分が育ちます。基本的な部分だけれども、とても重要な部分です。特訓はできません。自然に生活する中で、子ども自身が進化の過程をたどるように一歩一歩踏みしめ、育ちを獲得していきます。そのときそのときに必要な「旬」の環境を提供することが、保育の役割です。

現場で行われている保育について、その外形だけを見て「よい」「悪い」を評価することは困難です。「何をしているか」も大切ですが、「なぜそうしているのか」という保育の意図がより大切だからです。その「なぜ」は、さまざまな制約条件のもとで、できるだけ一人一人の子どもが生き生きと自分を発揮できるようにと、子どもと向き合いながら保育者がつむぎ出すものです。そんな保育者の存在、そんな保育者を育む園の力こそが、保育の質の核だと思います。

見学をしたり園の案内を読んだりしただけで、そんな深いところまでわかるのかと不安に思う人も多いでしょう。でも、本書で12の視点として示したたくさんの事柄――さまざまな保育の理論や手法、現場のエピソードや課題――は、保育を見る目をバージョンアップするお手伝いになっているはずです。実際に保育の営みを見たとき、あるいは保育者の言葉を聞いたとき、以前ならなんでもないと思われた小さな事柄が、本書の内容と結びつき、意味をもって見えてくる。そんなことを願ってまとめています。

これから園が選ばれる時代になると、さまざまな付加的サービスを売りにする園もふえてくるでしょう。私たちはつい、「おまけ」がついているとお得と思ってしまいがちですが、園選びでは要注意です。「おまけつきキャラメル」にたとえると、箱を開いてみたら「おまけ」は大したことがなく、肝心の本体のキャラメルが何個も足りない、みたいなことが実際にあるからです。入園してからそれがわかると、仕事は休めない、転園には多大なエネルギーが必要、というピンチになります。

子どもにしっかり目を向けてくれる保育に出会うことができれば、園は子育ての力強い応援者になってくれます。この違いは、とても大きいと思います。本書がよきコンパスになって、安心できる保育との出会いがかなうことを祈ってやみません。

最後に、本書の企画を実現してくださったひとなる書房の名古屋研一氏、こまやかな編集で助けてくださった松井玲子氏に、この場を借りて心よりお礼申し上げます。

2021年初夏

普光院亜紀

❽・厚生労働省 令和2年度子ども・子育て支援推進調査研究事業「不適切な保育に関する対応について 事業報告書」株式会社キャンサースキャン、2021年3月
https://cancerscan.jp/research/801/
・平野裕二「ARC　平野裕二の子どもの権利・国際情報サイト」
https://w.atwiki.jp/childrights/
❾・ベネッセ教育総合研究所「幼児の生活アンケート」（2015年調査）ほか
https://st.benesse.ne.jp/ikuji/content/?id=56840
・厚生労働省「第9回21世紀出生児縦断調査（平成22年出生児）結果」
https://www.mhlw.go.jp/toukei/saikin/hw/syusseiji/18/index.html
・森司朗ほか「幼児の運動能力における時代推移と発達促進のための実践的介入」2011年3月、および「幼児の運動能力の現状と運動発達促進のための運動指導及び家庭環境に関する研究」2018年3月
http://youji-undou.nifs-k.ac.jp/exam/report.html
・吉田伊津美ほか「幼稚園における健康・体力づくりの意識と運動指導の実態」東京学芸大学紀要・総合教育科学系58、2007年
❿・内閣府「教育・保育施設等における重大事故防止策を考える 有識者会議 年次報告　平成30年7月」2018年
⓫・世田谷区「保育サービス利用者アンケート調査」2013年
https://www.city.setagaya.lg.jp/mokuji/kodomo/010/d00134705_d/fil/hoikukekka.pdf
⓬・厚生労働省通知「楽しく食べる子どもに～保育所における食育に関する指針～」（概要）2004年3月29日
https://www.mhlw.go.jp/shingi/2007/06/dl/s0604-2k.pdf
・内閣府子ども・子育て会議（第41回）配布資料「保育所等の運営実態に関する調査結果〈速報〉」2019年1月28日
https://www8.cao.go.jp/shoushi/shinseido/meeting/kodomo_kosodate/k_41/pdf/s8.pdf
・厚生労働省「保育所におけるアレルギー対応ガイドライン（2019年改訂版）」
https://www.mhlw.go.jp/content/000511242.pdf

# 参考文献


## part 1 「保活」の基礎知識

❶ ・DVD『NHKスペシャル　ママたちが緊急事態』NHKエンタープライズ、2016年

・藤井勝紀「発育発達とScammonの発育曲線」スポーツ健康科学研究35、2013年

## part 2 保育を選ぶ12の視点

❶ ・繁田進『母子関係研究の展望』心理学評論、1988年

・藤永保『幼児教育を考える』岩波新書、1990年

・井上健治、久保ゆかり編『子どもの社会的発達』東京大学出版会、1997年

❷ ・厚生労働省・保育所等における保育の質の確保・向上に関する検討会「保育所等における保育の質に関する基本的考え方（総論的事項）に関する研究会報告書」2020年5月

・井上健治、久保ゆかり編、前掲書

❸ ・ダニエル・ゴールマン『ＥＱ こころの知能指数』講談社、1996年

・ジェームズ・Ｊ・ヘックマン『幼児教育の経済学』東洋経済新報社、2015年

・遠藤利彦ほか「非認知的（社会情緒的）能力の発達と科学的検討手法についての研究に関する報告書」国立教育政策研究所プロジェクト研究、2017年

・Lawrence J. Schweinhart, Ph.D. "*The High/Scope Perry Preschool Study Through Age 40*"（普光院亜紀『保育園は誰のもの　子どもの権利から考える』岩波ブックレット、2018年、にも一部訳文収録）

・"*Skills for Social Progress: The Power of Social and Emotional Skills*"(OECD, 2015)、経済協力開発機構（OECD）編著『社会情動的スキル 学びに向かう力』明石書店、2018年

・今井和子・島本一男編著『集団っていいな』ミネルヴァ書房、2020年

❹ ・U・フリス著、冨田真紀ほか訳『新訂 自閉症の謎を解き明かす』東京書籍、2009年

❺ ・東京都福祉保健財団「東京都福祉サービス第三者評価」
http://www.fukunavi.or.jp/fukunavi/hyoka/outline.htm

●著者——**普光院 亜紀**（ふこういん あき）

保育園を考える親の会代表。ジャーナリスト。

兵庫県生まれ。早稲田大学第一文学部卒業後、出版社勤務。保育園に子どもを預けて働き続け、第1子の学童保育卒業を機に独立。保育園を考える親の会代表として活動する中で、国や自治体の保育関係の委員会、保育施設評価業務などにもたずさわる。2011年に東洋大学大学院福祉社会デザイン研究科を修了（社会福祉修士）し、現在は大学講師も務める（保護者支援、子どもの権利、児童福祉など）。おもな著書に『少子社会への提言』（共著、ぎょうせい、2000年）、『共働き子育て入門』（集英社、2003年）、『変わる保育園』（岩波書店、2007年）、『保育園のちから』（PHP研究所、2009年）、『保護者のホンネがわかる本』（ひかりのくに、2009年）、『教育原理』（共著、光生館、2012年）、『共働きを成功させる5つの鉄則』（集英社、2015年）、『保育園は誰のもの』（岩波書店、2018年）、『実践に活かす子ども家庭福祉』（共著、ミネルヴァ書房、2021年）、『保育の質を考える』（共著、明石書店、2021年）、ほか多数。

●**装幀・本文デザイン**——山田道弘
●**イラスト**——木村倫子

**後悔しない保育園・こども園の選び方**——子どもにとって大切な12の視点

2021年9月1日　初版発行

著　者　普光院亜紀
発行者　名古屋 研一

発行所　㈱ひとなる書房
東京都文京区本郷2-17-13
TEL 03(3811)1372
FAX 03(3811)1383
Email：hitonaru@alles.or.jp